■ 旅游专业精品实训教材

酒吧服务实训教程

牛晓斐　潘　勇◎主编

北京·旅游教育出版社

出版说明

为了贯彻落实国家关于大力发展高等职业教育、培养高等技术应用型人才的战略部署，旅游教育出版社组织有关专家、学者、教师编写了这套旅游专业精品实训教材，其中包括《前厅客房服务实训教程》、《酒吧服务实训教程》、《餐厅服务实训教程》、《旅游服务礼仪实训教程》、《导游服务实训教程》。

根据旅游行业人才培养的需要和专业教师的教学需求，本套教材的编写具有以下几个特点：

第一，在教材内容方面，可操作性比较强，重视实践能力的培养。教材以学生日后的工作实际需要为核心，紧密结合旅游行业工作中的实际，根据旅游行业的具体工作方式而设计工作流程图，着重具体操作知识的编写，条理清晰，操作规范，重在学生的技能训练，主张“管用、够用、实用”。

第二，在教材编写模式方面，设计活泼，可读性强。在教材中穿插了案例、应变训练、教师示范等部分，以增强读者的认知力和理解力，力求给学生和老师营造一个更加清晰的模拟环境。另外，还设计了实训考核表，有助于专业教师检查每个项目的实训过程。

第三，努力贯彻国家关于职业资格证书与学历证书并重、职业资格证书制度与国家就业制度相衔接的政策精神，紧扣职业技能鉴定的内容与要求，在基本保证知识连贯性的基础上，突出技能操作性和实用性，使学生在学完该教材以后对旅游行业技能鉴定的内容和范围有所了解。

第四，在教材的使用效果方面，实现学习、示范、模拟练习、教师指导和考核的培训环节相结合，使学生边看边学、边学边练，从而起到强化技能、规范操作的效果。

《酒吧服务实训教程》作为该套系列教材之一，由牛晓斐、潘勇主编，主要介绍了酒品饮料的识别、调酒员实训教程、酒吧服务员实训教程等内容。另外，为方便教学，本书还配有 PPT 讲义。

本教材既可供各旅游企业、各地旅游培训部门对各岗位员工进行岗前培训或在岗培训使用，也可供各旅游职业学校对学生进行专业教育和专业指导使用。

由于时间仓促，书中若有不当之处，还请读者批评指正。

旅游教育出版社

2009.7

目录

第一单元

酒品饮料的识别

实训项目一：酒杯的识别
实训项目二：调酒工具的识别
实训项目三：葡萄酒的识别
实训项目四：啤酒的识别
实训项目五：白兰地酒的识别
实训项目六：威士忌酒的识别
实训项目七：金酒的识别
实训项目八：特吉拉酒的识别
实训项目九：伏特加酒的识别
实训项目十：朗姆酒的识别
实训项目十一：中国白酒的识别
实训项目十二：配制酒的识别
实训项目十三：软饮料的识别
实训项目十四：鸡尾酒的识别

实训项目一:酒杯的识别

实训目的

(1)熟练掌握各种酒杯的名称。

(2)熟记各种酒杯的形状。

实训时间

2学时。

实训准备

实训场地准备:酒吧实训室。

实训用品准备:各种酒杯(威士忌、白兰地、金酒、特吉拉酒、伏特加酒、朗姆酒、啤酒、鸡尾酒)、托盘、抹布。

仪容仪表准备:到课人员须身着白衬衣,系黑领结,穿深色裤子(女士穿深色裙子),制服应及时换洗,始终保持清洁平整。女服务员首饰应当从简,指甲修短,化淡妆,切忌浓妆。

相关知识

酒杯作为酒水的盛具,虽然不会改变酒的本质,然而,酒杯的形状,却可以决定酒的流向、气味、品质及强度,进而影响酒的香度、味道、平衡性和余韵。

知识点一:酒杯名称的由来

红、白酒杯:多是杯肚略大、口向内缩,而红酒杯更需要一个较大但半封闭的空间。这种杯身的设计是为了保留酒的香气,让人摇动酒杯时,香气慢慢散发。

香槟杯:香槟的特点在于气泡,而气泡的产生则需要杯底有一个可让其下沉后反弹的着力点。郁金香形的酒杯是最理想的香槟杯。其特点为杯底向下收缩为一个尖点,杯身不会太宽,使气泡不易失散,杯沿则向内收拢。

白兰地杯：白兰地杯是以葡萄酒蒸馏而成，之后盛入硬木桶内经长时间储存才包装出售。要品尝白兰地的真味，须以小口啜饮。所以，白兰地杯通常为大肚矮杯，杯口向内缩，以便在饮用时用手掌托杯，并以手温酒，使香气蓄积在杯中，同时，让过多的酒精挥发掉。

威士忌杯：威士忌的酒精量约为40%～50%，故属烈性酒。威士忌酒杯一般是直身无脚的圆形或方形半高玻璃杯。若是喝纯威士忌，大多用一盎司（约30毫升）的单酒杯或两盎司（约60毫升）的双酒杯；若是喝加冰块或加水的威士忌，则适宜用老式酒杯。

甜酒杯：昂贵的甜酒，适合用小酒杯来品尝，而且甜酒多在饭后少量饮用，故不需太大。甜酒杯多设计成比一般高脚杯略小的形式。

雪莉酒杯：雪莉酒是西班牙特产，属酒精加强葡萄酒，亦即在葡萄酒酿制过程的某个阶段中加入了白兰地，颜色呈白色至暗褐色，一般有甜与不甜之分。雪莉酒属烈性酒，故所使用的酒杯杯身通常比葡萄酒略长，但杯口不向内缩。

知识点二：白兰地杯的特殊之处

白兰地杯，为杯口小、腹部宽大的矮脚酒杯。杯子的实际容量虽然很大（240～300毫升），但倒入酒量（30毫升左右）不宜过多。倒酒时杯子横放，以酒入杯腹不溢出为佳，一般不超过杯容量的1/3。

白兰地杯

白兰地杯，天生就有一种贵族的气息，专门为盛装白兰地而设计，圆润的身材可使百年琼浆白兰地的香味更长久地存留于杯中。饮用时常用中指和无名指的指根夹住杯柄，让手温传入杯内使酒略暖，从而增加酒意和芳香。

知识点三：其他各种酒杯的识别

鸡尾酒杯的设计一般，都有如金三角的精致水晶。它华丽的造型无非是强调酒类的口感，敞开状的杯口，能够让强烈鸡尾酒的酒精得以抒发。

鸡尾酒杯

香槟杯状似郁金香，如此高贵浪漫的酒杯，只有香槟杯。可细饮慢啜，并能充分赏玩酒在杯中起泡的乐趣。

专家口中酒类的极品几乎都由葡萄酿制而成。毕竟少量的葡萄酒，的确可以让身体的血液循环更好，甚至含有可抗癌的有益物质。葡萄酒杯高挑的杯身，是为了不让手中的温度破坏酒质而设计。

高球杯平实的外表,着重于平淡的调酒。通常,用高球杯盛装的调酒以苏打饮料为主。

一般而言,啤酒都由这种厚实的杯子盛装,但一些高级的饭店或餐厅往往以斜口的杯子盛装啤酒。

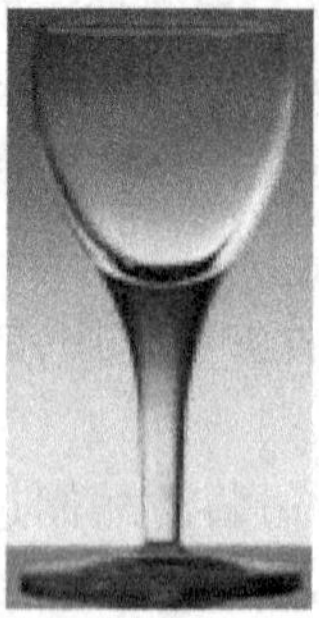
香槟杯

红酒杯

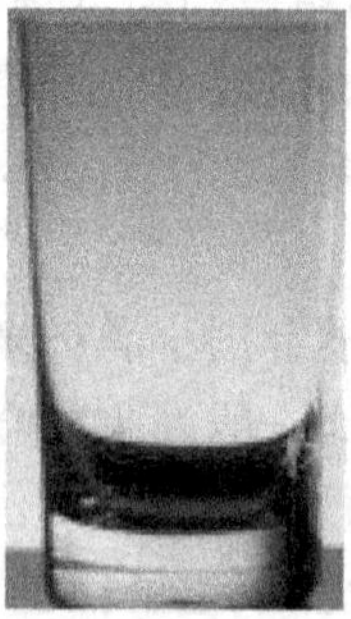
高球杯

啤酒杯

沙瓦杯用以调制酸甜味道的鸡尾酒。用威士忌或杏仁酒加上特制的柠檬汁,充分混淆后放入沙瓦杯中别有一番风味。

果汁杯杯身婀娜多姿,让人不禁想到亚热带的感觉。各种热带水果的原汁加上基酒的口感,实在无法以笔墨形容。

高林斯杯从外表看远比高球杯高出许多。这样高挑的身材可让鸡尾酒做出口感变化的味道。就拿新加坡司令来说,高林斯杯就可以把口感变化发挥得淋漓尽致。

葡萄酒用于佐餐已经是西方人的一种生活习惯,而红酒配肉类、白酒配海鲜,也是众所皆知的小常识。红酒与白酒杯子的区别,就在于杯口的不同造型,因为白酒青涩且附有淡淡的清香,所以白酒杯采用包杯口的造型,一方面,可以留住白酒的清香,另一方面,不会大口地喝到白酒的青涩。

沙瓦杯

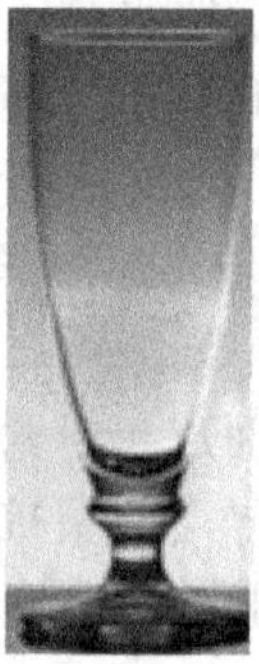
果汁杯

高林斯杯(亦称可林直杯)

白酒杯

1 2 3 4 5 6

1、2 为白兰地杯；**3** 为葡萄酒杯；**4** 为勃艮第杯；**5** 为葡萄酒杯；**6** 为高身槟杯

1 2 3 4 5

1、2 为鸡尾酒杯；**3** 为香槟杯；**4、5** 为啤酒杯。

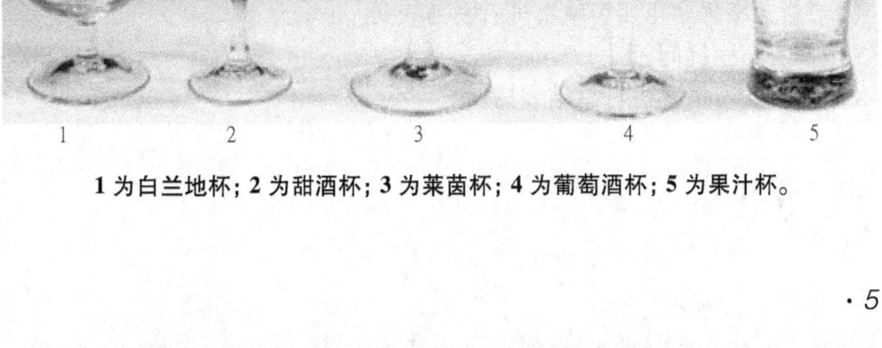

1 2 3 4 5

1 为白兰地杯；**2** 为甜酒杯；**3** 为莱茵杯；**4** 为葡萄酒杯；**5** 为果汁杯。

实训内容

课堂组织

一、班前会(根据学生人数分成若干小组)

(1)上课铃响,集合、点到。

(2)检查仪容仪表。

(3)模拟领班或主管发言:总结前一天工作情况,安排当日工作。

二、教师示范

(1)教师讲解实训课教学内容、教学目的。

(2)教师讲解相关知识。

三、学生训练、教师巡查

(一)基本训练

按照两人一组,分别扮演客人和酒吧服务员进行酒杯介绍。

(二)应变训练

(1)将学生一分为二,分别扮演酒吧服务员和客人:要求模拟客人的学生在模拟过程中,尽量想出各种合理的特殊要求,请模拟酒吧服务员的同学应答。

(2)将两组学生模拟的角色变换后,再进行一次练习。

四、实训总结

(一)由教师讲解操作要点

(1)服务中须注意微笑的表情。

(2)语言要简练。

(3)酒吧服务员在服务过程中要有主动性。

(二)教师根据学生实训情况进行总结表扬

(1)回答学生提问。

(2)针对实习情况进行总结表扬。

实训考核

实训考核表

检查项目和内容	正　确	错　误
1. 香槟杯		
2. 红酒杯		
3. 啤酒杯		
4. 白酒杯		
5. 白兰地杯		
6. 鸡尾酒杯		
7. 果汁杯		
8. 沙瓦杯		

实训项目二：调酒工具的识别

实训目的

(1)熟练使用各种调酒工具。

(2)掌握中国白酒的饮用方法。

实训时间

2 学时。

实训准备

实训场地准备：酒吧实训室。

实训用品准备：各种型号、材质的调酒壶和盎司杯，以及其他常见酒吧调酒工具。

仪容仪表准备：到课人员须身着白衬衣，系黑领结，穿深色裤子（女士穿深色裙子），制服应及时换洗，始终保持清洁平整。女服务员首饰应当从简，指甲修短，化淡妆，切忌浓妆。

相关知识

知识点一：调酒壶的分类

调酒壶(Shaker)：用来调制不易混合均匀的鸡尾酒材料。调酒壶有两种：一种，是波士顿调酒壶，为两件式，下方为玻璃摇酒杯，上方为不锈钢上座，使用时两座一合即可；另一种，是标型调酒壶，则为三件式，除下座，中间有隔冰器，最上面是一个顶盖，使用时一定要先盖隔冰器，再加顶盖，以免液体外溢。使用原则，首先放冰块，然后再放入其他材料，摇荡时间以不超过 20 秒为宜。否则，冰块开始融化，将会稀释酒的风味。用后立即打开清洗。

注意：使用两截调酒壶时，冰块和材料都放在上层；使用三截调酒壶时，冰块和材料都放在下层。另外，有一种实用的不锈钢制计量杯，一端，可量 20 毫升的分量，另一端，则可量 40 毫升的分量。

(1)把冰块放进两截式调酒壶的上层,放进其余的材料,合上调酒壶盖后,按水平方向用力摇动约8秒钟。

(2)视情况,事先往杯内放入碎冰,并透过隔冰器把调好的酒倒入杯中。

知识点二:盎司杯的使用

盎司杯(量杯):多用于计量酒或不同类的果汁,以便混合组成新口味的果汁或鸡尾酒。最常用的是两头呈漏斗形的不锈钢制品,一头大一头小,有两种规格:一种,是上方为30毫升下方为45毫升的大型盎司杯;另一种,是上方为15毫升下方为30毫升的小型盎司杯(1盎司=30毫升、1.5盎司=45毫升、1/3盎司=10毫升、1升=1000毫升)。

除此之外,酒吧常见的调酒工具还有:

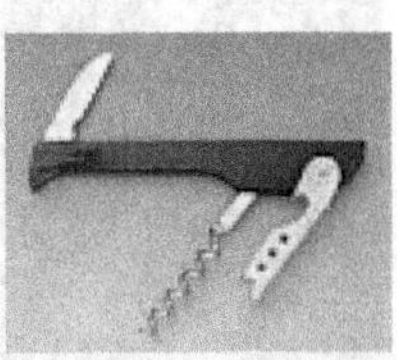

普通经济型开塞器

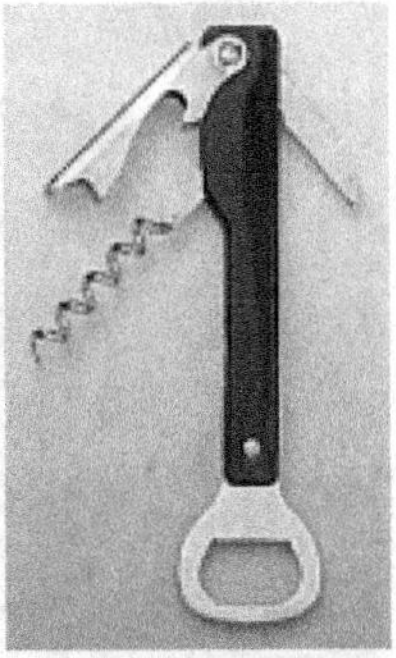

两用开塞/盖器

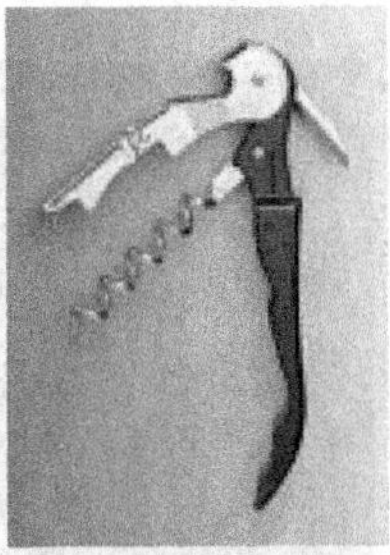

长柄意大利开塞器

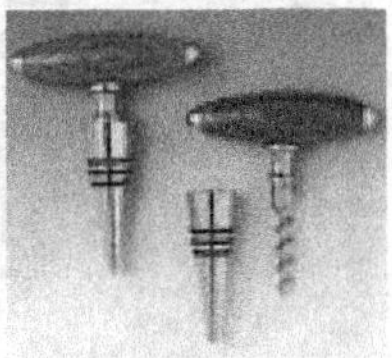

开塞钻

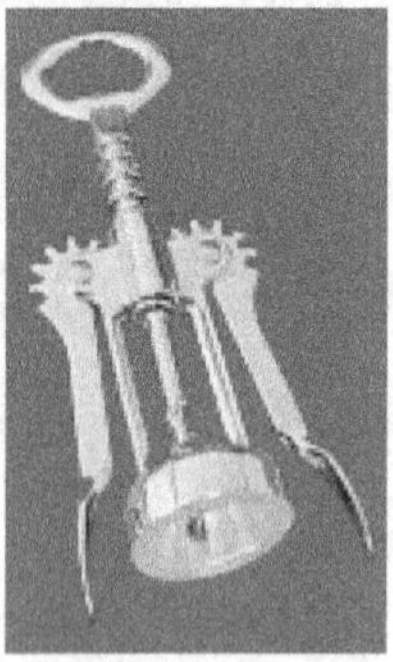

翅式软木开瓶器

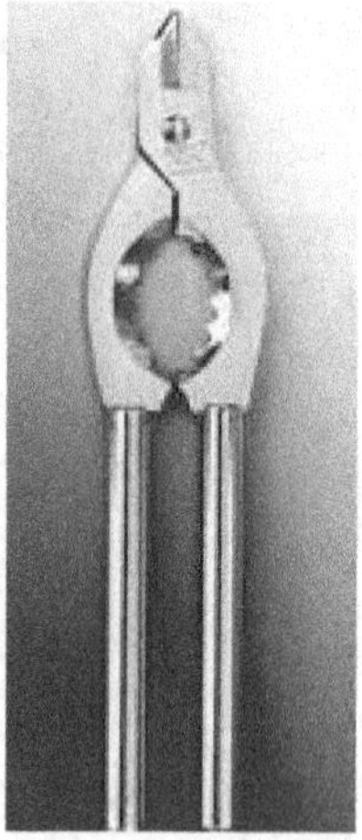

香槟酒专用开瓶器

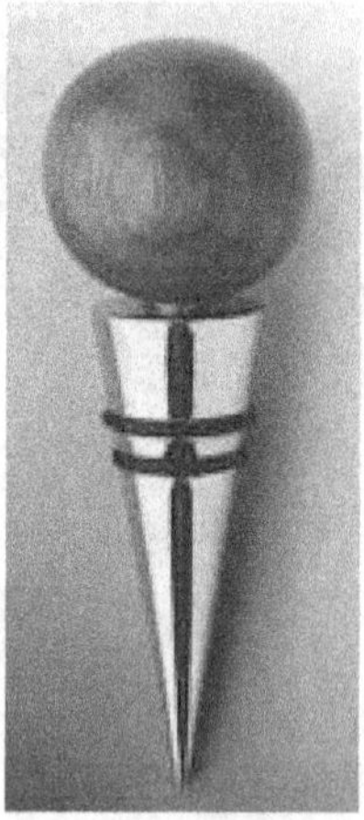

红木普通酒塞子

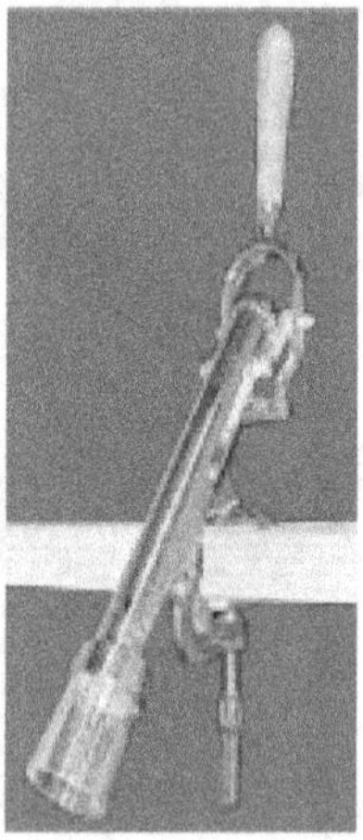

专业葡萄酒开塞器

香槟酒冰镇套

酒架

倒挂酒架

冰桶

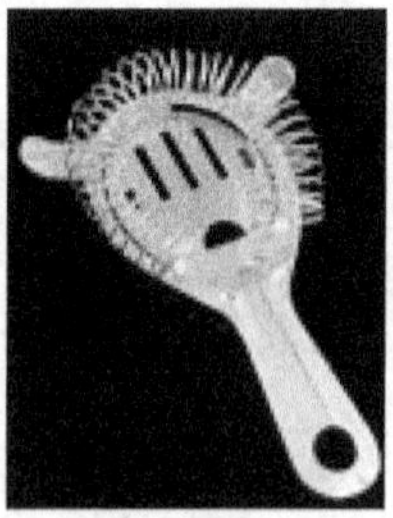

隔冰器

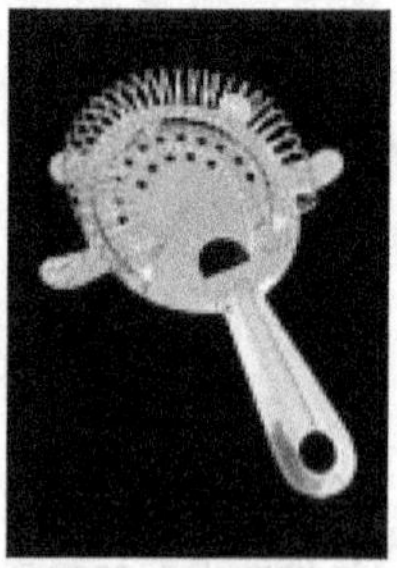

隔冰器

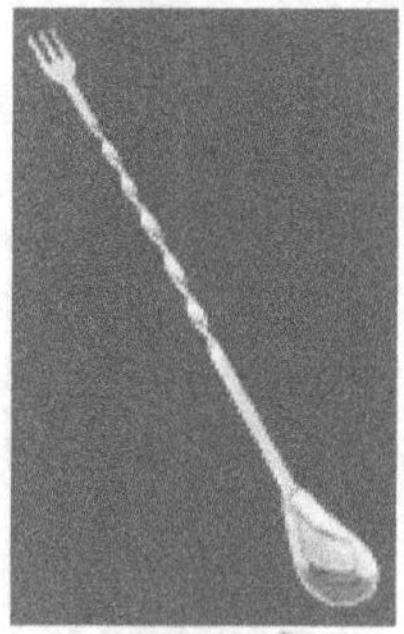

酒吧长勺

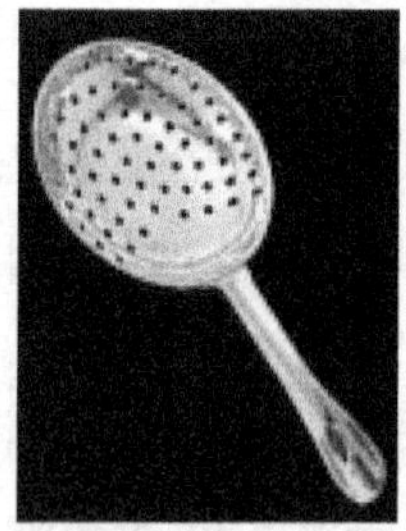

滤冰器

榨汁钳

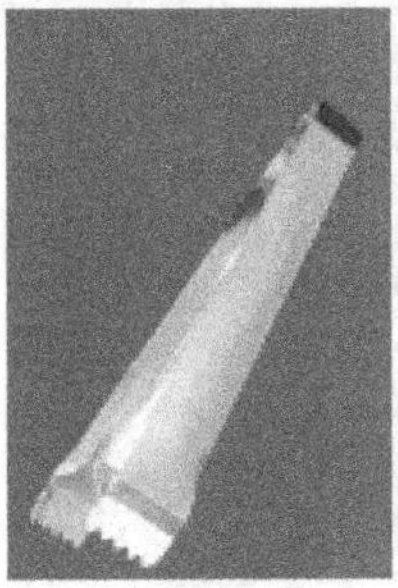

冰夹

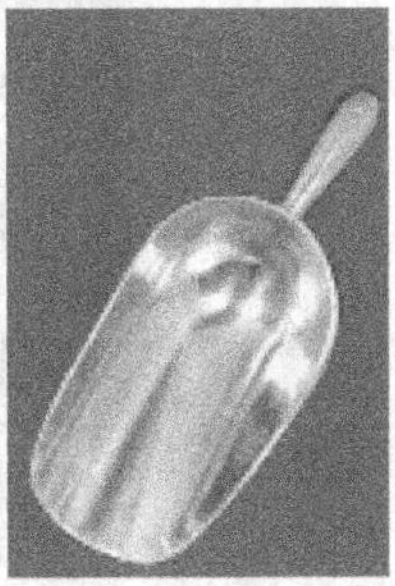

冰铲

塑胶雀仔头

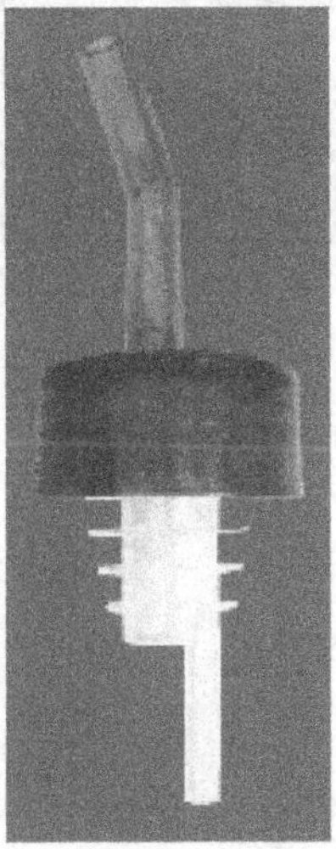

塑胶雀仔头

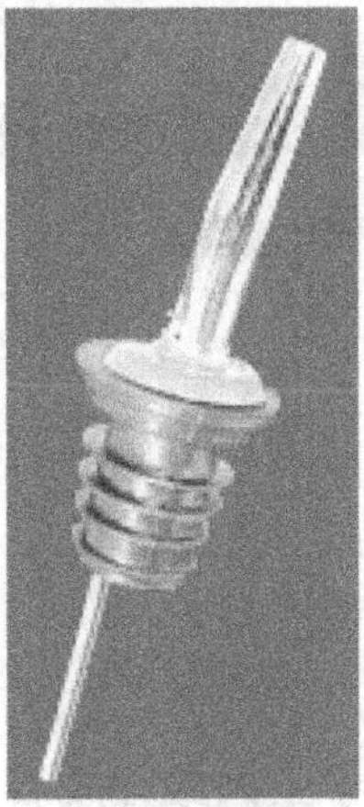

不锈钢雀仔头

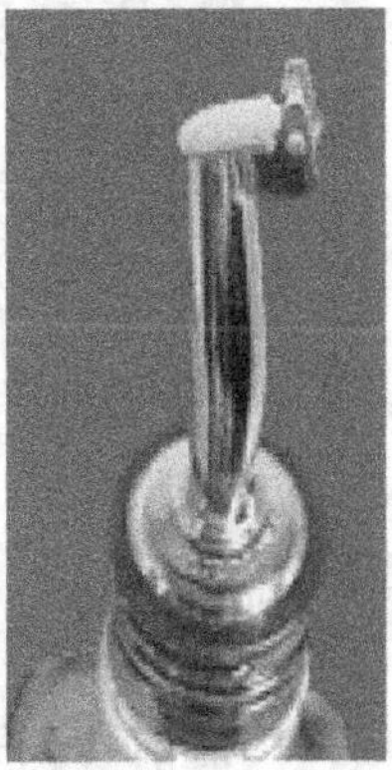

带有关闭阀的雀仔头

具有过滤功能的雀仔头

镀铬的雀仔头

装饰饮料用的纸伞

黑色麦管

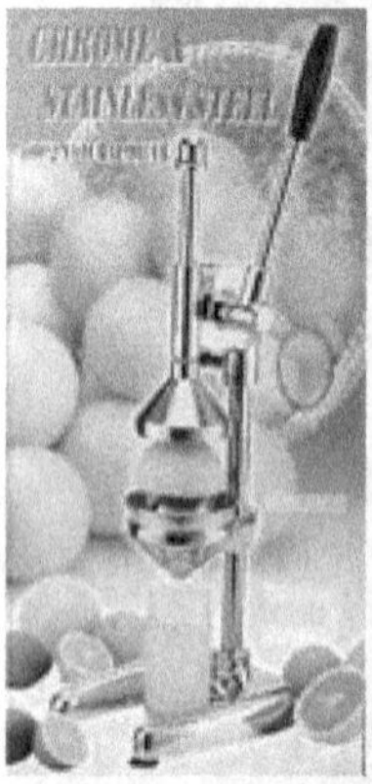

压柄榨汁器

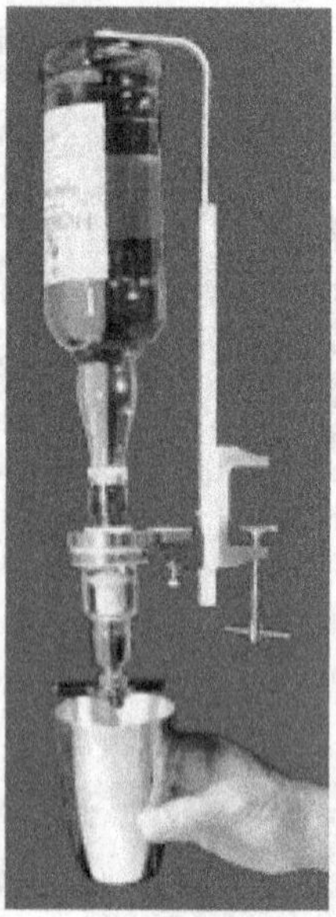

倒挂量酒器

煮红茶壶

台湾产摇摇机

实训内容

课堂组织

一、班前会(根据学生人数分成若干小组)

(1)上课铃响,集合、点到。

(2)检查仪容仪表。

(3)模拟领班或主管发言:总结前一天工作情况,安排今天工作。

二、教师示范

(1)教师讲解实训课教学内容、教学目的。

(2)教师讲解相关知识。

三、学生训练、教师巡查

(一)基本训练

按照两人一组,分别扮演客人和酒吧服务员进行调酒工具的介绍。

(二)应变训练

(1)将学生一分为二,分别扮演酒吧服务员和客人:要求模拟客人的学生在模拟过程中，尽量想出各种合理的特殊要求，请模拟酒吧服务员的同学应答。

(2)将两组学生模拟的角色变换后，再进行一次练习。

四、实训总结

(一)由教师讲解操作要点

(1)服务中须注意微笑的表情。

(2)语言要简练。

(3)酒吧服务员在服务过程中要有主动性。

(二)教师根据学生实训情况进行总结表扬

(1)回答学生提问。

(2)针对实习情况进行总结表扬。

实训考核

实训考核表

检查项目和内容	正　确	错　误
1. 盎司杯		
2. 量酒器		
3. 雀仔头		
4. 隔冰器		
5. 开塞器		
6. 冰夹		
7. 冰铲		
8. 酒架		

实训项目三：葡萄酒的识别

实训目的

(1)了解葡萄酒的生产与消费概况。

(2)了解葡萄酒的主要成分、生产工艺与世界著名的葡萄酒产地。

(3)熟悉葡萄酒的含义及饮酒习俗等酒品文化内容。

(4)熟悉香槟酒的相关知识。

(5)掌握葡萄酒的分类、贮存、鉴赏、饮用与服务方法。

实训时间

2学时。

实训准备

实训场地准备：酒吧实训室。

实训用品准备：各种葡萄酒杯、托盘、螺丝开瓶器、冰桶、各种葡萄酒、抹布。

仪容仪表准备：到课人员须身着白衬衣，系黑领结，穿深色裤子（女士穿深色裙子），制服应及时换洗，始终保持清洁平整。女服务员首饰应当从简，指甲修短，化淡妆，切忌浓妆。

相关知识

知识点一：葡萄酒的分类

葡萄酒，按其含糖量的多少，可分为干型、半干型、半甜型、甜型4种口味。按照国际上通行的分类方法，葡萄酒可分为佐餐葡萄酒（无气葡萄酒）、含气葡萄酒、强化葡萄酒和加味葡萄酒等四大类。

1. 佐餐葡萄酒

佐餐葡萄酒，包括红葡萄酒、白葡萄酒和玫瑰红葡萄酒，由天然葡萄发酵而成，酒精度在15度以下。在温度20℃的条件下，瓶内气压低于一个大气压的都是无气葡萄酒。

(1)红葡萄酒。该酒是用紫皮葡萄连皮带子一起压榨取汁，经自然发酵酿制而成。由于葡萄皮中的色素溶进酒液中，使酒液呈红色。红葡萄酒一般贮存时间为4~10年，其味道正好。通常都在室温下饮用，18℃为最佳饮用温度。

(2)白葡萄酒。该酒是用白葡萄去掉皮和子后，压榨、取汁、发酵制成。贮存时间较短，一般为2~5年即可饮用，具有怡爽清香、健胃去腥的特点。饮用前需降温处理，一般在10℃~12℃饮用最为合适。

(3)玫瑰红葡萄酒。该酒在酿造过程中采用了一些特殊的方法，如，用紫葡萄和白葡萄混合榨汁，有的在白葡萄酒中浸入紫葡萄皮，使酒液呈现出玫瑰红色。玫瑰红葡萄酒贮存期较短，一般为2~3年即可饮用。饮用温度为12℃~14℃，即稍微冷却一下后即可饮用。

佐餐葡萄酒的生产国很多，法国是红、白葡萄酒的著名产地，生产出上百种名牌葡萄酒。除此之外，意大利、德国、西班牙、美国等，都是葡萄酒的主要生产国。

2. 含气葡萄酒

含气葡萄酒，包括香槟酒和各种含气的葡萄酒。香槟酒是法国香槟地区生产的葡萄气酒。其制作工艺讲究，酒味独特。法国政府以法律形式规定，只有在香槟地区生产的气酒才可称为香槟酒，其他地区生产的只能称为葡萄气酒。

香槟酒是用去皮和子的紫葡萄和白葡萄酿制而成的，由于葡萄汁在发酵过程中产生大量的气体，酒液中的二氧化碳气体是天然形成的，所以独具一格。酒度是11度左右。饮用温度以4℃~8℃为宜。酿造香槟酒一般需要3年时间，以6~8年的陈酿最受人们欢迎。香槟酒一般以生产者命名，较著名的有：莫埃武当(Most Chandon)、宝林歇(Bollinger)、佩里埃汝爱(Perrier Jouet)、查理·海德西克(Charles Heldsieck)等。

3. 强化葡萄酒

强化葡萄酒在酿造过程中加入白兰地，使酒度达到17~21度。包括波特酒、雪利酒等。

(1)波特酒(Port)：以葡萄牙生产的最为有名。波特酒大都为红葡萄酒，也有少量干白波特酒。根据生产工艺的不同，波特酒有陈酿波特、酒垢波特、宝石红波特和茶色波特。干白波特酒适宜作为开胃酒品，而茶色波特酒，则宜在食用奶酪时饮用。

名牌的波特酒有：克罗夫特(Croft)、圣地门(San - deman)、泰勒(Taylor's)等。

(2)雪利酒(Sherry)：产于西班牙的加的斯，以当地所产葡萄酒勾兑白兰地酒制成，陈酿时间长达15年左右。该酒分为两大类：一类，呈淡黄色而明亮，给人以清新之感;另一类,呈金黄棕红色,透明度极好,香气浓郁扑鼻,具有典型的核桃仁香味,越陈越香。

该酒的名牌有:天杯雪利酒(Tio - pepe)、潘马丁雪利酒(Pemartin)、圣地门雪利酒(Sandeman)。

4. 加味葡萄酒

加味葡萄酒,是在一般葡萄酒中添加香草、果实、蜂蜜等,有的则添加烈酒。比较有代表性的加味葡萄酒是味美思酒,这类酒,严格讲也不是纯粹的葡萄酒。

味美思。味美思酒是以白葡萄酒为主要成分,加上近30种各种各样的香料配制而成。生产味美思的配方从来都是保密的。味美思酒分四类,即干味美思、白味美思、红味美思和都灵味美思。味美思酒在西餐中是作为餐前开胃酒饮用的。味美思的著名产地是意大利和法国。

著名的味美思酒有:意大利马蒂尼味美思(Martini ver - mouth)、意大利仙山露味美思(Cinzano)、意大利干霞味美思(Goncia)、法国诺丽·普拉味美思(Noilly part)。

知识点二:法国著名葡萄酒产地

1. 法国葡萄酒10大产区:

香槟产区(Champagne)。

阿尔萨斯产区(Alsace)。

卢瓦尔河谷产区(Vallee de la Loire)。

勃艮第产区(Bourgogne)。

汝拉和萨瓦产区(Jura et Savoir)。

罗纳河谷产区(Rhone Valley)。

波尔多产区(Bordeaux)。

西南产区(Sud - Ouest)。

朗格多克—鲁西雍产区(Languedoc - Roussillon)。

普罗旺斯—科西嘉产区(Provence et Corse)。

有些专家将香槟产区、勃艮第产区和波尔多产区列为法国三大代表性产区。香槟产区主要出产起泡葡萄酒;波尔多产区主要出产调配葡萄酒; 勃艮第产区主要产出单一葡萄品种的葡萄酒。

2. 法国葡萄酒的分级

法国法律将法国葡萄酒分为4级:法定产区葡萄酒、优良地区餐酒、地区餐酒、日常餐酒。其中,法定产区葡萄酒占全部产量的35%;优良地区餐酒占2%;地区餐酒为15%;日常餐酒为38%。

知识点三：酿造葡萄常用品种

葡萄的栽培历史十分悠久，品种也很多，大致可分为酿酒葡萄和鲜食葡萄两大类。按地理分布和生态特点，可分为欧亚种群、东亚种群和北美种群三个种群。每一种葡萄的内在特性，对于葡萄酒的质量具有某种决定性的意义。可以说任何葡萄都可以酿酒，但不是任何葡萄都可以酿出好酒来。

适合酿造红葡萄酒的葡萄品种有：

白葡萄：

(1)雪多利(Chardonnay)。除了酿制香槟外，它亦是法国夏普利区(Chablis)的主要葡萄。美国加州及澳洲亦有这种葡萄，并能酿制出上乘可口的白酒。

(2)白苏维安(Sauvignon Blanc)或白富美(Fume Blanc)。主要种植于法国波尔多区(Bordeaux)。可酿制著名的法国葛富区(Graves)和法国卢瓦区(Loire)的甘性白酒。在加州，这是一种很出名的白酒。

(3)白雪尼(Chenin Blanc)。法国卢瓦区(Loire)主要的葡萄。可以酿制出甜或不甜的白酒。

(4)丽丝玲(Riesling)。主要种植于法国(阿尔萨斯区)、德国、澳洲等地。可酿出带有果香的不甜或甜白酒。

(5)瑟美戎(Semillon)。在正常收割期(每年的9月末至10月初)，它用来酿制法国葛富区(Graves)主要的甘性白酒，但过了收割期后，经贵腐作用，郄可酿制上等的瑟美戎甜酒。

(6)塔米娜(Traminer)或格慕斯塔米娜(Gewurztraminer)。普遍种植于法国阿尔萨斯区(Alsace)、德国莱茵(Rhine)及意大利，能酿制品味独特的白酒。

红葡萄：

(7)甘美(Gamay)。主要种植于法国宝酒力区(Beaujolais)。用于酿制上乘白酒加红酒，柔顺带果香，适合酒龄年轻时饮用。在加州亦有生产。

(8)比诺罗瓦(Pinot Noir)。除可酿制上乘香槟外，更是勃根地区(Burgundy)主要的葡萄。可酿制出上级的红酒。

(9)卡贝纳(Cabernet Sauvignon)。是非常受欢迎的红葡萄品种，可酿制出极品的波尔多(Bordeaux)红酒。在美国和澳洲亦可用它来酿制出上乘的红酒。

(10)梅洛(Merlot)。是特别适合混合卡贝纳(Cabernet Sauvignon)来酿制上乘的波尔多(Bordeaux)红酒。在意大利北部、瑞士、南斯拉夫和阿根廷亦有种植。

知识点四：香槟的知识

香槟区：位于法国巴黎的东北部，是法国最北面的一个葡萄酒产区，也是法国最早的葡萄酒法定产区，只有在香槟区内生产酿制的酒才能叫香槟酒，除此之外出品的同类型酒只能称为“起泡酒”。

香槟酒的品种：香槟区只种植三种葡萄，分别是酿制红色香槟的黑品乐（Pinot Noir）和莫尼耶品乐（Pinot Meunier），以及酿制白色香槟的霞多丽（Chardonnay）。如果严格区分的话，香槟酒（Champagne）有四个品种，它们分别是用红葡萄做粉红底酒酿制而成的粉红香槟酒；用同一年份葡萄酿制并标上年份的年份香槟酒；用霞多丽（Chardonnay）酿制的白葡萄香槟酒和用黑品乐（Pinot Noir）或莫尼耶品乐（Pinot Meunier）酿制的红葡萄香槟酒。

香槟与美食的搭配：香槟酒（Champagne），不仅可作为开胃酒，更能与不同菜肴及甜品搭配；粉红香槟酒，可以配法餐的鹅肝、火腿或家禽，亦可配中餐的红烧肉；白葡萄香槟酒，则可以配法餐的羊羔肉，亦可配中餐的清蒸鱼和白灼虾等。

最佳饮用温度：香槟酒的最佳饮用温度应该是 8℃ ~10℃。饮用前可在冰桶里放 20 分钟或在冰箱里平放 3 小时。

知识点五：葡萄酒的饮用和服务标准以及品酒步骤

葡萄酒在众多酒品中是饮用、服务最讲究的酒品，无论是从杯容量、饮用温度、酒菜搭配，还是从服务顺序、礼仪等方面都有严格的要求，以期达到最佳的饮用效果，获得美的享受。

一、酒杯与量具

葡萄酒有其专门的酒杯，要求晶莹透亮，杯体厚实。

1. 白葡萄酒杯

用 7 ~8 盎司容量的杯子。

2. 红葡萄酒杯

用 12 盎司容量的杯子。

二、饮用温度

葡萄酒的种类不同、特点各异。它对饮用温度的要求也是不一样的，只有在最佳的饮用温度下饮用特定的酒品，该酒品才会在色、香、味诸方面达到最好的效果。

1. 红葡萄酒

饮用温度在 18℃左右。如果能够在饮用前半小时打开瓶塞，让它“呼吸”一下，可以增加酒香和醇味。

2. 干白葡萄酒

应该冷却至 10℃时饮用。

3. 优质白葡萄酒

应该冷却至 15℃时饮用。

4. 甜白葡萄酒

应该冷却至 12℃～15℃时饮用。

5. 香槟酒、汽酒

应该冷却至 7℃饮用。

品尝法国葡萄酒的三大步骤

1. 看酒（最好在白色背景下）

从酒杯正上方，看酒是否清澈。如果浑浊，就不好了；摇动酒杯，从酒杯正侧方的水平方向，看酒从杯壁均匀流下时的速度，酒越黏稠，流得速度越慢，酒质越好；把酒杯侧斜 45 度角来观察，酒与杯壁结合部的水状体越宽，表明酒的酒精度越高，在这个水状体与酒体结合部，能出现不同的颜色，从而显示出酒的酒龄，蓝色和淡紫色 =3～5 年酒龄，红砖色 =5～6 年酒龄。琥珀色 =8～10 年酒龄。橘红色则说明已经过期了。

2. 闻酒

闻酒前最好先呼吸一口室外的新鲜空气，然后，把杯子倾斜 45 度角，鼻尖探入杯内闻酒的原始气味。偏嫩的酒闻起来尚有果味；藏酿有复合的香味；摇动酒杯后，迅速闻酒中释放出来的气味，看其与原始气味比较，是否稳定。

3. 品酒

喝一小口，在口中打转，如果酒中的单宁含量高，口中会有干涩的感觉，因为单宁有收敛作用，这说明葡萄酒还没有完全成熟。最好是口感酸、甜、苦、咸达到平衡。吐出或咽下酒液后，看口中的留香如何。

实训内容

课堂组织

一、班前会（根据学生人数分成若干小组）

（1）上课铃响，集合、点到。

（2）检查仪容仪表。

（3）模拟领班或主管发言：总结前一天工作情况，安排今天工作。

二、教师示范

（1）教师讲解实训课教学内容、教学目的。

（2）教师讲解葡萄酒相关知识。

三、学生训练、教师巡查

(一)基本训练

按照两人一组,分别扮演客人和酒吧服务员进行葡萄酒酒水知识介绍。

(二)应变训练

(1)将学生一分为二,分别扮演酒吧服务员和客人:要求模拟客人的学生在模拟过程中,尽量想出各种合理的特殊要求,请模拟酒吧服务员的同学应答。

(2)将两组学生模拟的角色变换后,再进行一次练习。

四、实训总结

(一)由教师讲解操作要点

(1)服务须注意微笑的表情。

(2)语言要简练。

(3)酒吧服务员在服务过程中要有主动性。

A. 主动推销葡萄酒。

B. 通过提问主动了解客人所需葡萄酒种类。

(二)教师根据学生实训情况进行总结表扬

(1)回答学生提问。

(2)针对实习情况进行总结表扬。

实训考核

一、基础知识部分

1. 内容

(1)名词解释:葡萄酒。

(2)简述香槟酒与美食的搭配艺术。

(3)法国葡萄酒分别分几个等级?

2. 方式

笔试加口头表述。

二、饮用和服务标准部分

1. 内容

简述葡萄酒的饮用和服务标准。

2. 方式

实验室操作。

实训项目四：啤酒的识别

实训目的

(1)了解啤酒的生产与消费概况。

(2)熟悉啤酒的发展历史、饮酒习俗等酒品文化内容。

(3)掌握啤酒的主要成分、生产工艺与世界名品。

(4)重点掌握啤酒含义、贮存、鉴赏、饮用与服务方法。

实训时间

2学时。

实训准备

实训场地准备：模拟酒吧。

实训用品准备：各种啤酒酒杯、托盘、杯垫、抹布。

仪容仪表准备：到课人员须身着白衬衣，系黑领结，穿深色裤子(女士穿深色裙子)，制服应及时换洗，始终保持清洁平整。女服务员首饰应当从简，指甲修短，化淡妆，切忌浓妆。

相关知识

啤酒，是以大麦为原料、啤酒花为香料经发酵酿制而成的一种含有大量二氧化碳气体的低度酒。在欧美一些国家和地区，啤酒被认为是一种饮料。啤酒具有显著的麦芽和酒花清香，口味纯正爽口，内含丰富的营养成分，所以深受消费者喜爱。

知识点一：如何分辨优质啤酒

(1)泡沫：啤酒徐徐入杯，泡沫即升起，洁白细腻而均匀。挂杯持续在4~5分钟为佳，反之，如果泡粗大微黄，消失快、不挂杯者为劣。

(2)色:目前国内多为淡啤,光泽应清澈透明,有悦目的金黄色;浓色啤酒,则酒色越深越好。如果酒色黄浊、透明度差、黏性大,甚至有悬浮物者为劣。

(3)香:要求常具酒花幽香及麦芽清香。淡色应突出酒花香,深色则突出麦芽香。

(4)口味:入口纯正清爽,苦味柔和醇厚,有愉快的芳香感并具有强烈的 CO_2 对感官特殊的麻辣刺激感者为上。如有老熟味、酵母味或涩味者均劣。

(5)日期:啤酒商标边缘印有两组数字,表示日期,购买时可依此判断啤酒是否过期。

(6)保管:啤酒要避光保存。啤酒多用棕色瓶子作为盛具,是因为其透光率为58%,而翠绿及蓝色瓶子则为80%及85%。其贮存清晰度应在5℃~10℃左右,黄啤则应为4.5℃为宜。其他种类在8℃为宜,置于通风阴暗处。

知识点二:上发酵啤酒和下发酵啤酒的区别

上发酵啤酒和下发酵啤酒,是指两种不同种类的啤酒,而且是按照生产工艺的不同区分的。上发酵啤酒,发酵温度高、时间短,多用于19世纪以前,现在英、德、比利时仍存半壁江山。下发酵啤酒,发酵时间长、温度低。优点是泡沫丰富,贮存期长。流行于世界上绝大部分国家与厂商。

上发酵啤酒叫爱尔啤酒,下发酵啤酒叫拉格啤酒。

上发酵啤酒(Ale):糖化过程和发酵过程分开的时候使用的正是上发酵酵母。原来还含有不带酒花的意思,但现在的爱尔啤酒一般都加酒花。

上发酵,顾名思义就是在上面进行发酵的意思。实际上发酵的时候可以清晰地看到在上层活跃地进行着发酵,并发出扑鼻的味道。据说,以前把上面发酵的酵母捞出来专门保管起来,以备继续使用。再以后,因为可以干酵母的形式储藏起来,所以保管的酵母始终都可确保稳定的味道。发酵的温度为常温,即摄氏18度左右,而发酵周期约在一周至两周。代表性的爱尔啤酒有:圣诞啤酒、迪贝尔斯爱尔啤酒、拉比克啤酒等。

下发酵啤酒(Lager):是通过较长时间的储藏期间,为了长期熟成而在低温条件下慢慢发酵的啤酒类型,是在下面发酵的啤酒。据说,下发酵啤酒诞生的原因,是为了最大限度地避免杂菌的变质,而制作出清澈干爽的啤酒。

与爱尔酵母不同的是,拉格酵母以液态存在的时候很难控制其状态,并且对菌非常敏感。因此,必须在完全无菌状态下进行,才能生产出真正的拉格啤酒。在啤酒厂,培养酵母的生产间几乎都是非公开或完全是无菌室的原因就在于此。而且温度条件也要在10℃以下进行,因此,不适合在常温下进行发酵。这样,制作过程相比爱尔酵母要复杂得多,所以,其历史也比爱尔酵母晚。

下发酵方式的杰出代表皮尔森,是在地下石灰洞穴里以经过半年以上的时间熟成的方法生产出了深厚、丰富的啤酒,从而在啤酒历史上叙写了新的篇章。相对上发酵啤酒而言,下发酵啤酒把麦芽几乎全部用光,因此,可以成为更加清爽的啤酒。同时,根据添加啤酒花味道的强弱来形成各地方的特色。

知识点三:啤酒饮用注意事项

(1)忌饮用过量。长期过量饮用啤酒,会导致体内脂肪堆积而阻断核糖核酸合成,进而造成“啤酒心”,影响心脏功能和抑制破坏脑细胞。

(2)忌大汗之后饮用。人们剧烈运动后,汗毛孔扩张。此时,如大量饮用啤酒,将导致汗毛孔骤然遇冷而急速闭合,造成体温散热受阻,容易诱发感冒等疾病。

(3)忌与烈性酒同饮。有的人在饮烈性酒的同时饮用啤酒,结果引起消化功能紊乱,造成酒精中毒。但这属于个别现象。

(4)忌饮生物造成的浑浊啤酒。买来的散装啤酒或瓶装鲜啤酒,放在室温下时间长了,细菌就会得到繁殖,其中的乳酸菌和醋酸菌会使啤酒变酸变浑,若再污染上大肠杆菌或霉菌,饮后会使人患病。

(5)忌饮变质、变色啤酒。在生产过程中,由于生产工艺等方面的问题,啤酒受到杂菌的污染,或夏季温度较高氧化反应加速,或超期存放啤酒,就可能变色、变浑,发生沉淀、变质、变味等现象,饮用即会中毒。

(6)忌饮用热水瓶贮存的啤酒。热水瓶内积有大量的水垢,当啤酒存放瓶内后,水垢中所含的汞、镉、砷、铅等成分即被啤酒中的酸所溶解。这样的啤酒对人体有害,常饮会导致金属中毒。

(7)忌饮冷冻啤酒。夏季啤酒饮用的最佳温度是18℃左右。饮冷冻后的啤酒,会因温差太大,导致胃肠不适,引起食欲不振或腹痛。

(8)忌啤酒对汽水饮用。因为汽水中含有二氧化碳,啤酒中原本含有二氧化碳,再对入汽水饮用,过量的二氧化碳会加速胃肠黏膜对酒精的吸收。因此,用汽水冲淡啤酒饮用的方法不可取。

(9)忌用啤酒送服药品。啤酒与某些药物混合会产生副作用,特别是对抗生素、降压药、镇静药、抗糖尿病药物等的副作用更为明显。

(10)忌消化系统患者饮用。慢性胃炎、胃溃疡及十二指肠溃疡等患者,如经常饮用啤酒,酒中的二氧化碳极易使胃肠的压力增加,从而诱发胃及十二指肠球部溃疡穿孔。

(11)忌饮用时同吃腌熏食品。腌熏食品中含有机胺及因烹调不当而产生的多环芳烃类苯并蓖、胺甲基衍生物。当大量饮用啤酒并食入腌熏食品时,人体血铅含量就会增高,上述有害物质会与其结合,极易诱发消化道疾病。

(12)忌空腹多饮冰镇啤酒。由于腹空,啤酒甚凉,多饮易使胃肠道内温度骤然下降,血管迅速收缩,血流量减少,从而造成生理功能失调,影响正常的进餐和人体对食物的消化吸收;同时,还会使人体内的胃酸、胃蛋白酶、小肠淀粉酶、脂及酶的分泌大大减少,极易导致消化功能紊乱。胃肠受到过冷刺激,变得蠕动加快、运动失调,久而久之,则易诱发腹痛、腹泻及营养缺乏等症。

(13)忌运动后饮啤酒。人在剧烈运动后立即喝一杯清凉味美的啤酒,感到再惬意不过了。其实,这样做有害健康。因为剧烈运动后饮酒,会造成血液中尿酸急剧增加,使尿酸和次黄嘌呤的浓度比正常情况分别提高几倍。尿酸是体内高分子有机化合物被酶分解的产物,当血液中尿酸值居高不下时,就会聚集于关节处,使关节受到很大刺激,引起炎症,从而导致痛风病。所以,剧烈运动后不宜饮啤酒。

(14)忌食海鲜饮啤酒。有关专家研究指出,食海鲜时饮用啤酒,将有可能诱发痛风症。痛风即身体无法排泄过多的尿酸,尿酸沉积在关节或软组织内而引发炎症。当痛风发作时,不但被侵犯的关节红肿热痛,甚至会引起全身高烧,使人全身战栗。久而久之,患关节会逐渐坏死,同时,还可能引起肾结石和尿毒症。这是因为大多数海鲜食物会给身体制造过多的尿酸,而海鲜食品却常常被当作饮用啤酒时的美味佳肴,这是令人担忧的。

知识点四:酒吧常见啤酒介绍

(1)世界顶级啤酒科罗娜(CORONA EXTRA)

科罗娜啤酒,是墨西哥摩洛哥啤酒公司的拳头产品,因其独特的透明瓶包装及饮用时添加白柠檬片的特别风味,在美国一度深受时尚青年的青睐。

(2)喜力啤酒(HEINEKEN)

1863年喜力啤酒公司创建于荷兰的阿姆斯特丹。它现在已不单是世界产量排名第二的啤酒酿造公司,更重要的是,它是世界上最大的啤酒出口商,是当之无愧的最具国际化的第一品牌。通过当地生产出口及特约授权生产等多种做法的相互配合,喜力产品现已行销世界170多个国家。喜力,是一种主要以蛇麻子为原料酿制而成的,口感平顺、甘醇,不含枯涩刺激的啤酒。

(3)嘉士伯(CARLSBERG)

嘉士伯啤酒,由丹麦啤酒巨人嘉士伯(CARLSBERG)公司出品。嘉士伯公司是仅次于荷兰喜力啤酒公司的国际性啤酒生产商,1847年创立,至今已有150多年的历史。其在40多个国家都有生产基地,远销世界140多个国家和地区,产品风行全球。

(4)生力啤酒(SAN MIGUEL)

生力啤酒,是菲律宾生力酒厂酿造的。生力酒厂是西班牙人于1890年在菲律宾建立的东南亚地区最早的一家啤酒厂。目前,生力啤酒是菲律宾第一大啤酒商,在当地占有率达八成以上。

(5)健力士黑啤(GUINNESS)

健力士黑啤,是一种产自亚瑟健力士父子有限公司,用麦芽及蛇麻子酿制的黑啤酒。

(6)贝克啤酒(BECK'S)

德国凭借品质优良的啤酒,成为举世公认的啤酒王国。拥有400年历史的贝克啤酒是德国啤酒的代表,也是全世界最受欢迎的德国啤酒。尤其是在美国(每年大约1亿升)、英国、意大利,贝克啤酒更是进口啤酒的冠军品牌,年出口占德国啤酒出口总量的35% 以上。

(7)百威啤酒(BUDWEISER)

素有"啤酒王"之称的美国百威啤酒创建于1852年,是世界上最大的啤酒公司美国安海斯·布什公司(ADOLPHUS BUSCH)的主要品牌,也是世界上销量最大的啤酒品牌。

(8)朝日啤酒(ASAHI)

朝日酒厂的历史可追溯到110年前,一直稳居日本前三大啤酒品牌的位置,是日本唯一年销量突破1亿箱的产品。其于1987年生产的舒波乐啤酒(ASAHI SUPER DRY),作为超爽啤酒首次在世界上问世,随即产生了很大的影响,在2000年国际啤酒排行榜中位居第四大国际品牌。

知识点五:了解啤酒的杯具要求、饮用和服务注意事项

不同的啤酒饮用场合与啤酒种类和风味的不同,都对啤酒杯有着各种各样的要求。在酒吧、餐吧等场所,啤酒杯比较注重其外形的个性,饮用生啤使用大容量带把的马克杯(Beer Mug),容量有0. 2升、0.3升、0.5升、1升等,而在正式餐饮场合饮用啤酒,则惯用平底直身喇叭口的比尔森啤酒杯系列。啤酒杯的清洁度要求极高,尤其应绝对清除啤酒杯内外壁上的油污,因为油脂类成分是啤酒泡沫的大敌,油脂会降低泡沫的表面张力,对泡沫形成的稳定性起销蚀作用,不干净的啤酒杯还会影响啤酒清爽纯净的口感。此外,啤酒杯在使用之前,应适度地冷冻挂霜,以保持啤酒的最佳饮用温度。

为了发挥啤酒的最佳酒品风格,保持丰富细腻的泡沫,并使啤酒既能清新爽口,又透出非凡的味道来,必须确保啤酒的最佳饮用温度。酒温过高,则啤酒泡沫多,持久性弱,二氧化碳不足,缺乏刹口力,口感酸涩;酒温过低,则啤酒泡沫不够充盈,苦味突出,酒香丧失或降低。啤酒的最佳饮用温度与环境温度、贮存温度相互关联。在对客服务前,啤酒都要进行冰镇,适宜低温饮用。酒温在10℃状态下,啤

酒的风味最佳，过于冰镇的啤酒，会使舌头冻麻，失去味觉。亦可根据饮用地的气候和温度变化来适当调节啤酒的最佳饮用温度。室温条件下，啤酒的最佳饮用温度为10℃左右；春秋季啤酒的最佳饮用温度为10℃～15℃左右；而夏季气候炎热，啤酒的饮用温度在6℃左右更能使人觉得清凉解渴。酒吧和餐厅服务员必须熟练掌握斟倒瓶装和罐装啤酒的基本技能和技巧，方能使宾客充分享受啤酒的美妙之处。

啤酒的服务程序：

(1)将冰镇过的啤酒、啤酒杯和杯垫放于托盘上，送至宾客桌前，在宾客右侧服务。

(2)先将杯垫放于宾客的面前，杯垫微朝向客人，再将啤酒杯放于杯垫上。

(3)将啤酒顺杯壁斟入杯中，啤酒的商标朝向宾客，斟倒时为了避免泡沫溢出杯口和控制泡沫的厚度，应分两次斟倒，泡沫的厚度宜占据杯口下沿1.5～2cm，形状饱满呈冠状，较为标准的啤酒杯上都印有酒液和泡沫的分界刻度，以便服务员更好地掌握斟倒啤酒。

(4)将斟倒后的啤酒瓶放于另一个杯垫上，啤酒瓶商标朝向宾客。

(5)及时为宾客斟倒啤酒，空瓶及时撤走。

实训内容

课堂组织

一、班前会(根据学生人数分成若干小组)

(1)上课铃响，集合、点到。

(2)检查仪容仪表。

(3)模拟领班或主管发言：总结前一天工作情况，安排今天工作。

二、教师示范

(1)教师讲解实训课教学内容、教学目的。

(2)教师讲解相关知识。

三、学生训练、教师巡查

(一)基本训练

按照两人一组，分别扮演客人和酒吧服务员进行啤酒酒水知识介绍。

(二)应变训练

(1)将学生一分为二，分别扮演酒吧服务员和客人：要求模拟客人的学生在模拟过程中，尽量想出各种合理的特殊要求，请模拟酒吧服务员的同学应答。

(2)将两组学生模拟的角色变换后，再进行一次练习。

四、实训总结

(一)由教师讲解操作要点

(1)服务须注意微笑的表情。

(2)语言要简练。

(3)酒吧服务员在服务过程中要有主动性。

A. 主动推销啤酒。

B. 通过提问主动了解客人所需啤酒种类。

(二)教师根据学生实训情况进行总结表扬

(1)回答学生提问。

(2)针对实习情况进行总结表扬。

实训考核

一、基础知识部分

1. 内容

啤酒分几类？分别说出每类中的著名品牌。

2. 方式

笔试加口头表述。

二、饮用和服务标准部分

1. 内容

简述啤酒的饮用和服务标准。

2. 方式

实验室操作。

实训项目五:白兰地酒的识别

实训目的

(1)掌握世界著名白兰地酒的特点、原料、种类和名品。

(2)熟记白兰地酒的产地和酿酒原料。

(3)掌握白兰地酒的贮存、鉴赏、饮用与服务方法。

实训时间

2 学时。

实训准备

实训场地准备:酒吧实训室。

实训用品准备:各种白兰地酒杯、托盘、白兰地酒、抹布。

仪容仪表准备:到课人员须身着白衬衣,系黑领结,穿深色裤子(女士穿深色裙子)。制服应及时换洗,始终保持清洁平整。女服务员首饰应当从简,指甲修短,化淡妆,切忌浓妆。

相关知识

知识点一:白兰地的由来

白兰地的名称,是从荷兰 Brande wijn 演变而来的。这一字前面的 Brande 是燃烧的意思,而后面的 wijn 是指葡萄酒。这里所说的燃烧,即是指加热蒸馏。故 Bramde 可以说是把葡萄酒加热蒸馏而成,转变为英语即成 Brande。故照此说法,所谓白兰地,是指把葡萄酒发酵再蒸馏而成的酒。但如果从广义来说,凡经过果实发酵而成的酒,均可归纳为白兰地。从荷兰渥卡罗努地方所藏的古记录可知,1411年,在法国阿尔芒松河(Armagnac)地区已有蒸馏生命之水的事情。至16世纪,法国各地均已能够制造生命之水。"生命之水"这一名称,是炼金师对蒸馏葡萄酒所得液体的一种称呼,法语称之为Eau de vie,故在法国,白兰地也称Eau de vie。至于白兰地的制法,和威士忌有许多相似之处。它们均是把原料发酵后,即将其蒸馏成无色透明的酒,然后,再放置于酒槽中经过长期的储存、成熟,再把不同酒槽中的酒互相调配而成,故白兰地和威士忌一样,都有琥珀色,就是因为用这些酒槽储存橡木桶酒的缘故。

法国人称白兰地为英雄之酒。法国当地流传着一句谚语:男孩子喝红酒,男人喝泡特,要想当英雄就喝白兰地。1701年,法国卷入西班牙战争,白兰地销路大减,酒被储存在橡木桶中,战争结束后,人们发现储存在橡木桶中的酒酒味更醇、芳香更浓,而且色泽呈琥珀色,因此,用橡木桶储存白兰地就成了制造白兰地的重要环节。

世界各国都有白兰地出产,现今世人所指的白兰地多指以葡萄为原料所制造的白兰地酒。而今,葡萄酒品质最好的国家——法国,自然也就成了上好白兰地的出产国。法国是世界第一位的白兰地生产国家。这里所说的世界第一,是指质与量上均为世界第一,而在所有的法国白兰地中,以Cognac和Armagnac两地最具代表性,且产品上均冠有其地名。

法国干邑地区(Cognac),又称科尼亚克,为世界上最著名的白兰地产区,干邑白兰地是如此的有名,以至于许多国家将它当作白兰地的代名词。干邑白兰地是法国白兰地中的极品。

Coganc这地方在法国来说,蒸馏白兰地开始的比较晚,一直到1630年才有荷兰的贸易商人鼓吹在Cogna试一试白兰地的蒸馏,结果发现Cognac地方比法国其他地域更适合白兰地的生产。因为,一方面其所栽培的葡萄,酿出的酒往往酸度过高,糖分却较低,以至无法成为优质的葡萄酒,但是如果在Cogna蒸馏凝缩,反而可以得到香味很高的白兰地,也就是说葡萄所含的酸度较高,反而可促进白兰地香味成分的增加。另一方面,葡萄中的糖分因发酵而分解酒精和碳酸气,再把这些葡萄酒蒸馏成白兰地,如果糖分较少,葡萄酒中所含的酒精量也就减少,于是为了要生产定量的白兰地,就需要大量的葡萄酒,一般来说,要得到一桶新的酒,需要8桶葡萄酒来蒸馏。Cognac的厂商,有的是从葡萄的栽培开始至白兰地的瓶装,都是自己一贯作业。但是大部分厂商则是采购别的葡萄园所蒸馏的新酒,等其成熟,再和自制的Cognac加以调配,然后做成产品。Cognac的生产地域是1909年法国国内法所规定的,亦即指夏兰地区。这个地方又分为6个地区,也就是说,一定要是在这6

个地区内生产的白兰地再和别的地方的白兰地调配，才可称为 Cognac，也才可冠以 Cognac 这个地名。

法国的雅邑地区(Armagnac 又称阿马尼亚克)也出产著名的白兰地。其白兰地通常只蒸馏一次，而干邑要蒸馏两次。因此，简单地说，前者是女人的风味，而后者则具男人风味。其白兰地更是因大仲马的名著《三剑客》而闻名世界。

白兰地陈酿时间标记：

★ 3 年陈酿。

★★ 4 年陈酿。

★★★ 5 年陈酿。

V. O 10 ~ 12 年陈酿。

V. S. O 12 ~ 20 年陈酿。

V. S. O. P 20 ~ 30 年陈酿。

F. O. V 30 ~ 50 年陈酿。

X. O 50 年陈酿。

X 70 年陈酿。

名词既解释。

O = Old 顾名思义，老——陈酿已久的意思。

E = Especial 特别的。

P = Pale 浅色、清澈，指未加焦糖色。

S = Superior 优越、柔顺、入口柔软、易入口。

V = Very 非常甘。

X = Extra 格外的、特别高档。

C = Cognac 干邑。

F = Fine 精美的。

知识点二：白兰地酒的著名产地及原料

(1)美国

总的来讲，在美国，白兰地被认为是一种采用果汁或水果酒或是其残渣发酵，蒸馏至[95%(V/V)]以内，馏出液具有本产品典型性的酒精饮料。

它可以是完全无病害、成熟的水果汁或果酱发酵的，也可以是加入了 20%(以重量计)以内皮渣的果汁或加入了不超过 30% 的酒脚(以体积计)或二者同时添加的果汁发酵后蒸馏的。于白兰地之前，冠以所用水果名称，但葡萄白兰地也直接称为白兰地。它必须在橡木桶中陈酿至少 2 年，陈酿时间不足的，需标“immature”

(未成熟)字样。

皮渣白兰地是采用水果皮渣蒸馏所得的白兰地。

超标准白兰地则纯粹是以酸败的果汁、果酱或葡萄酒(但其中不含有 SO_2)蒸馏的,已无原料的典型性。

很显然,在美国,白兰地是个广义词。它既可表示高档白兰地,也可表示超标准的白兰地。

(2)英国

在英国,作为可以进入市场销售的白兰地,必须是采用新鲜的葡萄汁,不加糖或酒精,发酵、蒸馏所得,并在橡木桶中陈酿至少 3 年。

(3)南非

白兰地必须是采用不加糖的新鲜葡萄酒蒸馏调配而成。其中,应不少于 30% 的采用壶式蒸馏锅蒸馏的酒精[酒度 <75%(V/V)],余下的酒度为 75% ~92%(V/V)的葡萄酒精或葡萄酒酒精[95%(V/V)]。

白兰地必须在橡木桶中陈酿 3 年。

(4)澳大利亚

在澳大利亚,白兰地是采用新鲜葡萄酿制的、蒸馏[酒度 <94.8%(V/V)]的烈性酒饮料,应具典型性。

白兰地中应含不少于 25%(体积比)的壶式蒸馏锅蒸馏的酒精[酒度 <83%(V/V)],在橡木桶中贮存应不少于 2 年,甲醇含量 <3g/L[100%(V/V)乙醇]。它禁止使用加入酒精的葡萄酒蒸馏白兰地,同时也不允许加粮食酒精,对进口白兰地,必须要附有产地国出具的采用纯葡萄酒蒸馏的证明。

(5)法国

白兰地是英文"brandy"的音译。它源于拉丁语"Aguavitae",意思是:"生命之水"。在法国,白兰地是用发酵过的葡萄汁液,经过两次蒸馏而成的美酒,一般是金黄色的液体,含有果品的醇香。白兰地要在木桶里经过陈年才好喝。法国人把引为自豪的白兰地叫干邑,有"白兰地之王"之称。白兰地的前身,其实就是白葡萄酒,在 18 世纪法国的查伦泰地区,因为地理环境的优越,成为白葡萄酒的著名出入口地。可是,由于白葡萄酒的酒精含量较低,抵受不住长途运输,往往会变质。为了解决这一难题,法国人想出了"双蒸之法",就是把白葡萄酒蒸馏两次来提高它的酒精含量以便运输,这就是最早期的白兰地。

实训内容

一、认识世界上著名的白兰地品牌

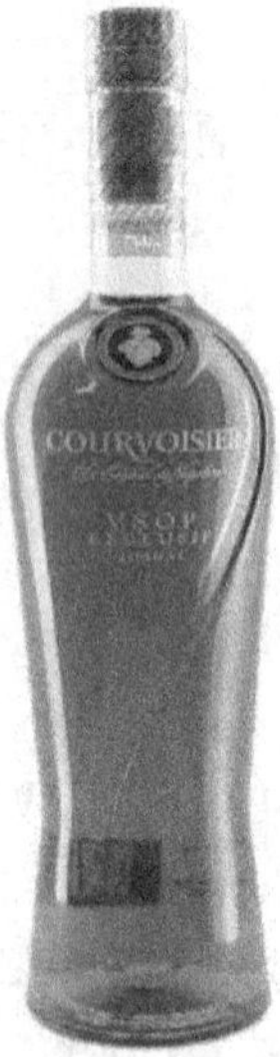

拿破仑(VSOP)

轩尼诗(VSOP)

马爹利蓝带

名士马爹利

人头马(XO)

人头马路易十三

人头马

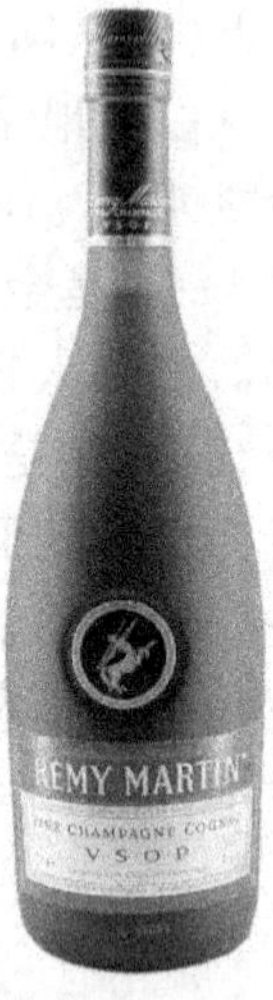

人头马(VSOP)

二、白兰地的饮用与服务操作程序

根据不同场合,可选用白兰地专用杯或者郁金香形杯。饮用方法有三种:

1. 净饮

净饮,是享用干邑佳酿的最佳方法,在杯中注入一盎司酒,用手掌托住杯身,手温通过酒杯传入酒中,同时还要轻轻晃动酒杯。

2. 加冰或者加水饮用

加冰或者加水饮用只适合于普通的白兰地。

3. 混合饮用

混合饮用白兰地时,应选用平底直筒高杯。调酒时注入 1 份酒,加入半杯冰块,可以掺和果汁、汽水、乳饮、矿泉水饮用。混合饮用时,杯中加吸管、搅棒。

课堂组织

一、班前会(根据学生人数分成若干小组)

(1)上课铃响,集合、点到。

(2)检查仪容仪表。

(3)模拟领班或主管发言:总结前一天工作情况,安排今天工作。

二、教师示范

(1)教师讲解实训课教学内容、教学目的。

(2)教师讲解相关知识。

三、学生训练、教师巡查

(一)基本训练

按照两人一组,分别扮演客人和酒吧服务员进行白兰地酒水知识介绍。

(二)应变训练

(1)将学生一分为二,分别扮演酒吧服务员和客人:要求模拟客人的学生在模拟过程中,尽量想出各种合理的特殊要求,请模拟酒吧服务员的同学应答。

(2)将两组学生模拟的角色变换后,再进行一次练习。

四、实训总结

(一)由教师讲解操作要点

(1)服务须注意微笑的表情。

(2)语言要简练。

(3)酒吧服务员在服务过程中要有主动性。

A. 主动推销白兰地。

B. 通过提问主动了解客人所需白兰地。

(二)教师根据学生实训情况进行总结表扬

(1)回答学生提问。

(2)针对实习情况进行总结表扬。

实训考核

一、基础知识部分

1. 内容

(1)名词解释:干邑、水果白兰地。

(2)法国著名的白兰地产地是哪两个?分别说出其产品的质量等级标志。

(3)列举5个著名干邑白兰地。

(4)如何饮用白兰地?

2. 方式

笔试加口头表述。

二、饮用和服务标准部分

1. 内容

简述白兰地的饮用和服务标准。

2. 方式

实验室操作。

实训项目六：威士忌酒的识别

实训目的

(1)掌握世界著名威士忌酒的特点、原料、种类和名品。

(2)熟记威士忌酒的产地和酿酒原料。

(3)掌握威士忌酒的贮存、鉴赏、饮用与服务方法。

实训时间

2 学时。

实训准备

实训场地准备：模拟酒吧。

实训用品准备：各种威士忌酒杯、托盘、长匙、摇酒器、冰锥、搅拌棒、量酒杯、螺丝开瓶器、冰桶、过滤器(隔冰器)、瓶嘴(倒酒嘴)、冰铲、酒签、各种威士忌酒、抹布。

仪容仪表准备：到课人员须身着白衬衣，系黑领结，穿深色裤子(女士穿深色裙子)。制服应及时换洗，始终保持清洁平整。女服务员首饰应当从简，指甲修短，化淡妆，切忌浓妆。

相关知识

知识点一：威士忌的原料以及著名产地

威士忌酒，是以大麦、黑麦、玉米等谷物为原料，经发酵、蒸馏后放入旧的木桶中进行酵化而酿成的。

威士忌酒最著名的产地是苏格兰。苏格兰威士忌有两大类：一是麦芽威士忌，由大麦芽发酵经蒸馏而成；二是谷物威士忌，由大麦芽混合谷物发酵后，经过蒸馏而成。而最畅销的苏格兰威士忌，则是混合麦芽和谷物威士忌而制成的佳酿。

现有的单纯威士忌数以百计，而且没有一种是相同的，原因是酿制方法中有不少窍门，再加上不同的水质，当地的气候、蒸馏器的设计及蒸馏技术的区别等，均足以形成酒味的差异。所以，如何把多种威士忌混合得恰到好处，却不会突显某一种单纯威士忌的味道，是一种高深的艺术。

刚蒸馏而成的新威士忌酒是无色无味的，而且不宜入口，必须经数年窖藏，祛除火性，才会口感醇厚芳香。一些酒厂把盛载些厘酒的木桶盛载威士忌，使得威士忌变得金黄，但另一些酒厂则使用橡木桶，所以酒色淡黄。威士忌需要经过酒精浓度及色泽的试验才可入瓶。

苏格兰威士忌的饮用方法有多种，最常见的是净饮（不加水），或加冰及加水或苏打水。苏格兰威士忌亦可在餐前饮用，以促进食欲。

知识点二：威士忌的分类

世界上许多国家和地区都有生产威士忌的酒厂，但最著名，最具代表性的威士忌分别是苏格兰威士忌、爱尔兰威士忌、美国威士忌和加拿大威士忌四大类。

苏格兰威士忌（scotch whisky）：原产于苏格兰，用经过干燥，泥炭熏焙产生独特香味的大麦芽作酵造原料制成。其酿制须经8道工序，即：将大麦浸水发芽、烘干、粉碎麦芽、入槽加水糖化、入桶加入酵母发酵、蒸馏两次、陈酿、混合。起码要贮存8年以上，15～20年为最优质的成品酒，超过20年的质量会下降，色泽棕黄带红，清澈透亮、气味焦香，带有浓烈的烟味。

美国威士忌：以玉米和其他谷物为原料，原产于美国南部，用加入了麦类的玉米作酿造原料，经发酵，蒸馏后放入内侧熏焦的橡木酒桶中酿制4～8年。装瓶时加入一定数量蒸馏水加以稀释。美国威士忌没有苏格兰威士忌那样浓烈的煌烟味，但具有独特的橡树芳香。

爱尔兰威士忌：特点柔和，好像在口中燃烧。原产于爱尔兰，以小麦、大麦、黑麦等麦芽为原料酿造而成。经过3次蒸馏。然后入桶陈酿，一般需8～15年。装瓶时还要混合掺水稀释。因原料不用泥炭熏焙，所以没有焦香味，口味比较绵长柔润，适用于制作混合酒与其他饮料共饮。

加拿大威士忌：主要由黑麦、玉米和大麦混合酿制，采用二次蒸馏，在木桶中贮存4年、6年、7年、10年不等。出售前要进行勾兑掺和。加拿大威士忌气味清爽，口感轻快、爽适，不少北美人士都喜爱这种酒。

实训内容

认识世界上著名的威士忌品牌

芝华士 12 年威士忌

杰克丹尼威士忌

占边威士忌

加拿大俱乐部威士忌

百灵坛特醇

金玺百灵坛

芝华士 12 年

顺风威士忌

添宝 15 年

威雀威士忌

格兰菲迪

格兰威士忌

黑方

蓝方

红方

皇家礼炮

尊爵

护照威士忌

威士忌的饮用与服务方式

饮用威士忌时，用 6 ~ 8 盎司的古典杯，标准用量为每份 40 毫升。饮用的方式主要有三种：

1. 净饮

威士忌的净饮，常用 straight 来表示。美国人净饮威士忌用 1 盎司的细长威士忌小杯，观色、闻香，细细品味，这是对于高级苏格兰威士忌酒的最佳饮用方式。

2. 加冰饮用

在古典杯中先加入半杯冰块，再量好 40 毫升的酒，淋入杯中。这种方式只适合饮用除苏格兰威士忌以外的威士忌。

3. 混合饮用

选用柯林杯作载杯，杯中先加入 1/3 的冰块，再注入定量的酒，加水、汽水、果汁兑合饮用。一般推荐加瓶装矿泉水、蒸馏水。美国威士忌适合加可乐；黑麦威士忌适合加干姜汽水。做热饮，可用威士忌掺和热果汁、热茶、热咖啡等饮用，风味独特。

课堂组织

一、班前会(根据学生人数分成若干小组)

(1)上课铃响,集合、点到。

(2)检查仪容仪表。

(3)模拟领班或主管发言:总结前一天工作情况,安排今天工作。

二、教师示范

(1)教师讲解实训课教学内容、教学目的。

(2)教师讲解相关知识。

三、学生训练、教师巡查

(一)基本训练

按照两人一组,分别扮演客人和酒吧服务员进行威士忌酒酒水知识介绍。

(二)应变训练

(1)将学生一分为二,分别扮演酒吧服务员和客人:要求模拟客人的学生在模拟过程中,尽量想出各种合理的特殊要求,请模拟酒吧服务员的同学应答。

(2)将两组学生模拟的角色变换后,再进行一次练习。

四、实训总结

(一)由教师讲解操作要点

(1)服务须注意微笑的表情。

(2)语言要简练。

(3)酒吧服务员在服务过程中要有主动性。

A. 主动推销威士忌酒。

B. 通过提问主动问讯客人所需威士忌酒。

(二)教师根据学生实训情况进行总结表扬

(1)回答学生提问。

(2)针对实习情况进行总结表扬。

实训考核

一、基础知识部分

1. 内容

(1)名词解释:威士忌。

(2)苏格兰威士忌分哪几类?各有什么特点?

(3)列举苏格兰威士忌的著名品牌。

(4)美国威士忌与苏格兰威士忌有什么区别?

2. 方式

笔试加口头表述。

二、饮用和服务标准部分

1. 内容

分别说出威士忌的饮用和服务标准。

2. 方式

实验室操作。

实训项目七:金酒的识别

实训目的

(1)掌握世界著名金酒的特点、原料、种类和名品。
(2)熟记金酒的产地和酿酒原料。
(3)掌握金酒的贮存、鉴赏、饮用与服务方法。

实训时间

2 学时。

实训准备

实训场地准备:酒吧实训室。

实训用品准备:酒杯、托盘、金酒、吧匙、抹布。

仪容仪表准备:到课人员须身着白衬衣,系黑领结,穿深色裤子(女士穿深色裙子)。制服应及时换洗,始终保持清洁平整。女服务员首饰应当从简,指甲修短,化淡妆,切忌浓妆。

相关知识

知识点一:金酒的起源与分类依据

金酒,正式学名为杜松子酒,英文名为 Gin and tonic 。金酒是用以杜松子为原料制成的无色透明液体,带有一股松子的香味,略干,也就是有点酸,最先由荷兰生产,在英国大量生产后闻名于世,是世界第一大类的烈酒。

金酒,是在 1660 年,由荷兰莱顿大学西尔维斯教授制造成功的。制造这种酒是为了帮助在东印度地域活动的荷兰商人、海员和移民,预防热带疟疾病,最初是作为利尿、清热的药剂使用。不久,人们发现这种利尿剂香气和谐、口味协调、醇和温雅、酒体洁净,具有净、爽的自然风格,很快就被人们作为正式的酒精饮料饮用。

金酒的怡人香气主要来自具有利尿作用的杜松子。杜松子的加法有许多种，一般是将其包于纱布中，挂在蒸馏器出口部位。蒸酒时，其味便串于酒中，或者将杜松子浸于绝对中性的酒精中，一周后再回流复蒸，将其味蒸入酒中。有时还可以将杜松子压碎成小片状，加入酿酒原料中，进行糖化、发酵、蒸馏，以得其味。有的国家和酒厂配合其他香料来酿制金酒，如荽子、豆蔻、甘草、橙皮等。而准确的配方，厂家一向是非常保密的。

因为品味诱人，逐渐超越了医疗界限，变成一般市民喜欢常用的饮品，从而流行于市，逐渐为人们接受为一种新的饮料。荷兰人把它称为 Genever，传入法国后，又被称为杜松子酒。以后经过英语转化称之为金酒，并闻名于世。后来，传入美国，则被大量使用于鸡尾酒的调制上。现在的金酒，主要是以谷物为原料，经过糖化、发酵，蒸馏成高度酒精后，加入杜松子、柠檬皮、肉桂等原料，再进行第二次的蒸馏，即形成金酒。

在鸡尾酒的酒谱中，金酒的使用量非常之大。一些有名的鸡尾酒配制大都离不开金酒。例如，世界知名的“马丁尼”便是。而金酒中因为具有高含量的杜松子，所以，近年来台湾亦十分流行以金酒泡白葡萄干来预防关节炎，据说效果非常好。

在英国制造金酒的配方，是用75%的玉米，15%的大麦芽、10%的其他谷物，搅碎、加热、发酵，与造威士忌差不多，完全发酵后的谷物汁，再用连续蒸馏器来蒸馏，蒸馏出的酒含 180 ~ 188 个酒精纯度（PROOF），再加上蒸馏水，使酒精纯度降低至 120 个。然后于金酒蒸馏器中加上香料再蒸。由蒸馏得到酒味的方法，是造金酒的一种艺术，各种味道不同的金酒，也是由于其材料种类与成分的不同所致。

金酒是近百年来调制鸡尾酒时最常使用的基酒，其配方多达千种以上，故有“金酒是鸡尾酒心脏”之说。金酒（Gin），系以添加杜松子与其他香料的酒液蒸馏或再蒸馏的无色烈酒。金酒若以酿造方法来区分，计有两种，一为“蒸馏金酒”；一为“综合金酒”。

（一）金酒的品牌

1. 淡体金酒

最早用的是伦敦附近的制造商，他们在瓶签上印有 LONDON DRY GIN，但现在美国或其他国家的造酒商，也用后面两个英文字。市面上所有的金酒，都用了这个 DRY 字，瓶签上写有 DRY CIN、EXTRA DRY GIN、VERY DRY GIN、LONDON DRY GIN 等，事实上都是一个性质，说明此种酒不甜，不带原体味。

2. 朴利茅斯金酒

除伦敦金酒外，英国朴利斯也出金酒，它比伦敦金酒，质更浓、香味更重。

3. 老汤姆金酒

老汤姆，是伦敦制的甜金酒，有好几项关于此酒的传说。其中以金鲁斯爵士

(LORDKINROSS)的书中记载比较合乎逻辑。他相信老汤姆原是英政府的间谍,其在伦敦租了间房子,钉了个猫形的招牌来卖酒,有两条管子连接着他的房子。行人想买酒时,可把钱由上边猫嘴里的粗管内丢进去,口中并念念有词,然后他就由下面的细管倒酒出来,买的人就对着管子喝,这也可能是自动贩卖机的祖先。

4. 美国金酒

美国金酒与伦敦金酒稍有不同,但这两种酒都可作成很好的混合饮料。

5. 荷兰金酒

荷兰金酒的味道是辣中带甜,无论是喝纯的或加冰块,都很爽口。它基本上是用大麦芽做的,味道是来自杜松酶。荷兰是唯一有专卖占酒酒店的国家。它冷藏过或加上冰块,再加一片柠檬,是辣马丁尼(DRY MARTINI)酒最好的代用品。

金酒不用陈年,他的美味是由多种香料蒸馏而来的。不过,在美国有些金酒会陈年一段时间,陈年后会成为淡金黄色,称为 GOLDEN GIN,虽然已陈年过,但在商标上都不注明。如果是荷兰造的淡黄色金酒,都是用焦糖染的色。最受人欢迎的金酒鸡尾酒,就是马丁尼鸡尾酒,不过它只是上百种金酒鸡尾酒配方中的一种。

(二)金酒的种类

金酒的独特香味各酒厂所用的配方而异。金酒品牌、种类甚多,以生产地可分为:

1. 荷兰金酒

主要的产区集中在斯希丹(Schiedam)一带,是荷兰人的国酒。

荷式金酒是以大麦芽与裸麦等为主要原料,配以杜松子酶为调香材料,经发酵后蒸馏 3 次获得的谷物原酒,然后加入杜松子香料再蒸馏,最后将精馏而得的酒,贮存于玻璃槽中待其成熟,包装时再稀释装瓶。荷式金酒色泽透明、清亮,酒香味突出,香料味浓重,辣中带甜,风格独特。无论是纯饮或加冰都很爽口,酒度为 52 度左右。因香味过重,荷式金酒只适于纯饮,不宜作为混合酒的基酒,否则会破坏配料的香味平衡。

荷式金酒在装瓶前不可贮存过久,以免杜松子氧化而使味道变苦,但装瓶后,则可长时间保存而不降低质量。荷式金酒常装在长形陶瓷瓶中出售。新酒叫 Jonge、陈酒叫 Oulde、老陈酒叫 Zeet oulde。比较著名的酒牌有:亨克斯(Henkes)、波尔斯(Bols)、波克马(Bokma)、邦斯马(Bomsma)、哈瑟坎坡(Hasekamp)。

荷式金酒的饮法也比较多,在东印度群岛流行于饮用前以苦精(Bitter)洗杯,然后注入荷兰金酒,大口快饮,痛快淋漓,具有开胃之功效,饮后再饮一杯冰水,更是美不胜言。荷式金酒加冰块,再配以一片柠檬,就是世界名饮干马天尼(Dry Martini)的最好代用品。

2. 伦敦金酒

以麦芽及五谷为原料,主要产品有不甜金酒与老汤姆酒(Old Tom Gin),后者有甜味。

3. 普里茅斯金酒

4. 美国金酒

其产品分成二级，瓶底有突出的 D 字者，表示蒸馏而成，有 R 字者表示精馏（Rectifie）而成。

5. 英国金酒

英国金酒与美国金酒的不同在于两个重要因素，一为英国金酒蒸馏后的酒精度较低，故保有较多谷物特性。虽然蒸馏酒精度低，但是装瓶的酒精度却较高；二为水质，当然，英国与美国的水质不同，自然影响到酒酿及蒸馏的烈酒特性。

英国金酒也称为干金酒，酒液无色透明，气味奇异清香，口感醇美爽适，以稞麦、玉米等为原料，经过糖化、发酵后，放入连续式蒸馏酒器中，蒸馏出酒度很高的玉米、稞麦酒精，加入杜松子和其他香料，重新放入单式蒸馏酒器中蒸馏。英国金酒既可单饮，也可与其他酒混合配制或作鸡尾酒的基酒。故有人称金酒为鸡尾酒的心脏。

实训内容

认识世界上著名的金酒品牌

建尼路金

哥顿金

添加利金

必发达金

ordon's Orange Gin

Monde Dry Gin

Schlichte Gin

Suntory Dry Gin

Arice Slow Gin

Beefeater Dry Gin

Boodles Gin

Gilbey Gin

Gordon Dry Gin

Gordon's Lemon Gin

金酒的饮用与服务

在酒吧，每份金酒的标准用量为25毫升。饮用的方式有：

(1)净饮。冷藏后饮用效果更好。纯饮时用利口杯或古典杯，量入定量的酒，投入 1 片柠檬增加风味。荷兰金酒更适合采取此法饮用。

(2)加冰饮用。在古典杯中加入半杯冰块,注入金酒,用吧匙稍加搅拌后投入 1 片柠檬。

(3)在平底杯中加入 1/3 杯的冰块,注入定量金酒搅匀。金酒可以兑汽水、果汁、水饮用。

实训内容

课堂组织

一、班前会(根据学生人数分成若干小组)

(1)上课铃响,集合、点到。

(2)检查仪容仪表。

(3)模拟领班或主管发言:总结前一天工作情况,安排今天工作。

二、教师示范

(1)教师讲解实训课教学内容、教学目的。

(2)教师讲解相关知识。

三、学生训练、教师巡查

(一)基本训练

按照两人一组,分别扮演客人和酒吧服务员进行金酒酒水知识介绍。

(二)应变训练

(1)将学生一分为二,分别扮演酒吧服务员和客人:要求模拟客人的学生在模拟过程中,尽量想出各种合理的特殊要求,请模拟酒吧服务员的同学应答。

(2)将两组学生模拟的角色变换后,再进行一次练习。

四、实训总结

(一)由教师讲解操作要点

(1)服务须注意微笑的表情。

(2)语言要简练。

(3)酒吧服务员在服务过程中要有主动性。

A. 主动推销金酒。

B. 通过提问主动问讯客人所需金酒。

(二)教师根据学生实训情况进行总结表扬

(1)回答学生提问。

(2)针对实习情况进行总结表扬。

实训考核

一、基础知识部分

1. 内容

(1)名词解释:金酒。

(2)金酒分哪几类? 各有什么特点?

(3)列举金酒的著名品牌。

(4)列举伦敦干金酒的著名品牌。

(5)简单介绍金酒的酿造方法。

2. 方式

笔试加口头表述。

二、饮用和服务标准部分

1. 内容

分别说出金酒的饮用和服务标准。

2. 方式

实验室操作。

实训项目八：特吉拉酒的识别

实训目的

(1)掌握世界著名特吉拉酒的特点、原料、种类和名品。

(2)熟记特吉拉酒的产地和酿酒原料。

(3)掌握特吉拉酒的贮存、鉴赏、饮用与服务方法。

实训时间

2 学时。

实训准备

实训场地准备：酒吧实训室。

实训用品准备：特吉拉酒杯、托盘、摇酒器、冰锥、搅拌棒、量酒杯、过滤器(隔冰器)、瓶嘴(倒酒嘴)、酒签、各种特吉拉酒、抹布。

仪容仪表准备：到课人员须身着白衬衣，系黑领结，穿深色裤子(女士穿深色裙子)。制服应及时换洗，始终保持清洁平整。女服务员首饰应当从简，指甲修短，化淡妆，切忌浓妆。

相关知识

知识点一：特吉拉酒的原产地及其特色

特吉拉酒(Tequila)产于墨西哥。它的生产原料是一种叫做龙舌兰(芦荟)的珍贵植物，龙舌兰属于仙人掌类，是一种怕寒的多肉花科植物，经过10年的栽培才能酿酒。特吉拉酒的出产地是个名叫TEQUILA的村庄，所以这种酒也就叫为特吉拉了。特吉拉酒在制法上不同于其他蒸馏酒，在龙舌兰长满叶子的根部，经过10年的栽培后，会形成大菠萝状茎块，将叶子全部切除，将含有甘甜汁液的茎块切割后放入专用糖化锅内煮大约12小时，待糖化过程完成之后，将其榨汁注入发酵罐中,加入酵母和上次的部分发酵汁。有时,为了补充糖分,还得加入适量的糖。发酵结束后,发酵汁除留下一部分做下一次发酵的配料之外,其余的在单式蒸馏器中蒸馏两次。第1次蒸馏后,将会获得一种酒精含量约25%的液体;而第2次蒸馏,在经过去除首馏和尾馏的工序之后,将会获得一种酒精含量大约为55%的可直接饮用的烈性酒。虽然是经过了两次蒸馏,但最后获得的酒液,其酒精含量仍然比较低。因此,其中就含有很多原材料及发酵过程中所具备的许多成分。这些成分使得特吉拉风味在特吉拉酒中发挥得淋漓尽致。和伏特加酒一样,特吉拉酒在完成了蒸馏工序之后,酒液要经过活性炭过滤以去除杂质。至此,特吉拉酒的定义已一目了然。特吉拉酒的酒精含量大多在35% ~55%之间。我们通常能够见到的无色特吉拉酒为非陈年特吉拉酒。金黄色特吉拉酒为短期陈酿,而在木桶中陈年1 ~15年的,称为老特吉拉酒。

常见的特吉拉酒一般有两种:一种是蒸馏后没有经过陈酿的,颜色透明,称为白色特吉拉酒(White Tequila)或者银色特吉拉酒(Silver Tequila);而在橡木桶中储存成熟的酒,由于渗透了橡木的色泽,酒体变成剔透琥珀色,称为金色特吉拉酒(Gold Tequila),口感更圆润些,但是后劲也更大了。

还有一种最经典的所谓"带虫特吉拉酒",称为Mezcal,是主要内销给墨西哥人的一种特吉拉酒。它的特点是除了用龙舌兰酿造之外,还在酒中加入一种叫Gusano Rojo的小虫子。这种虫子就生长在龙舌兰的叶子上,当地人还喜欢收集小虫在叶子上留下的分泌物,制成调味包,作为附赠品与酒一起出售。常见的特吉拉酒品牌有瓶口戴着墨西哥卷边大帽子的Sierra和印着金色面孔的Olmeca,Herradura,等等。

波士特吉拉酒

快活特吉拉酒

带虫特吉拉酒

知识点二：特吉拉酒的独特饮法

特吉拉酒的喝法：特吉拉酒、柠檬、盐，是特吉拉酒爱好者标准的搭配。这种习惯开始于19世纪初。先放少许盐在嘴里，可以产生更多的唾液。这样可以帮助减少特吉拉酒带来的烧灼感。当特吉拉酒流过喉咙的时候，立刻把柠檬含在嘴里，柠檬酸性的果汁就可以缓解喉咙的灼热感，从而获得最好的口感。在酒吧里，通常最过瘾的喝法，就是先将1份特吉拉酒倒入厚底杯中，再注入雪碧汽水，将杯垫盖在杯上，在厚实的木制吧台上砸一下。这样可以使特吉拉酒与雪碧汽水瞬时融合，激发出特吉拉酒特有的芳香。

特吉拉酒的饮用与服务：

1. 净饮

选用古典杯，量入1盎司酒，切1块柠檬，用小碟提供细盐少许。饮用时，先往口中挤入柠檬汁，再撒入少许细盐，将酒一饮而尽，爽快的酸味、咸味，伴随烈酒，如同火球一样直冲肚腹，十分刺激。

2. 加冰饮用

选用古典杯，先在杯中加入冰块，再量入1盎司酒，稍加搅拌后投入1片柠檬。

3. 混合饮用

在古典杯中量入1盎司酒，兑以适量雪碧，用干净的杯垫盖住杯口。食指和中指压住杯垫，拇指和无名指、小指抓住杯身，用力甩酒，在泡沫涌起的刹那间一饮而尽。

实训内容

课堂组织

一、班前会（根据学生人数分成若干小组）

（1）上课铃响，集合、点到。

（2）检查仪容仪表。

（3）模拟领班或主管发言：总结前一天工作情况，安排今天工作。

二、教师示范

（1）教师讲解实训课教学内容、教学目的。

（2）教师讲解相关知识。

三、学生训练、教师巡查

（一）基本训练

按照两人一组，分别扮演客人和酒吧服务员进行特吉拉酒酒水知识介绍。

（二）应变训练

（1）将学生一分为二，分别扮演酒吧服务员和客人：要求模拟客人的学生在模拟过程中，尽量想出各种合理的特殊要求，请模拟酒吧服务员的同学应答。

（2）将两组学生模拟的角色变换后，再进行一次练习。

四、实训总结

（一）由教师讲解操作要点

（1）服务须注意微笑的表情。

（2）语言要简练。

（3）酒吧服务员在服务过程中要有主动性：

A. 主动推销特吉拉酒。

B. 通过提问主动了解客人所需何种特吉拉酒。

（二）教师根据学生实训情况进行总结表扬

（1）回答学生提问。

（2）针对实习情况进行总结表扬。

实训考核

一、基础知识部分

1. 内容

（1）名词解释：特吉拉酒。

（2）说明不同产地的特吉拉酒各有什么特点。

（3）特吉拉酒如何分类？

（4）列举特吉拉酒的著名品牌。

2. 方式

笔试加口头表述。

二、饮用和服务标准部分

1. 内容

如何饮用特吉拉酒？

2. 方式

实验室操作。

实训项目九：伏特加酒的识别

实训目的

(1)掌握世界著名伏特加酒的特点、原料、种类和名品。

(2)熟记伏特加酒的产地和酿酒原料。

(3)掌握伏特加酒的贮存、鉴赏、饮用与服务方法。

实训时间

2 学时。

实训准备

实训场地准备：酒吧实训室。

实训用品准备：各种酒杯、托盘、伏特加酒、抹布。

仪容仪表准备：到课人员须身着白衬衣，系黑领结，穿深色裤子(女士穿深色裙子)。制服应及时换洗，始终保持清洁平整。女服务员首饰应当从简，指甲修短，化淡妆，切忌浓妆。

相关知识

知识点一：为什么称伏特加酒为世界上最纯净的酒

传说在 1812 年，以俄国严冬为舞台，展开了一场俄法大战，战争最后以白兰地酒瓶见底的法军败走于伏特加豪饮无尽的俄军而告终。据了解，在 12 世纪时已经发现伏特加的踪迹。而根据文献的记载，伏特加的起源有两种说法：一是说发源于俄国；二是说发源于波兰。

“伏特加”是苏联人对“水”的昵称。帝俄时代的 1818 年，宝狮伏特加(Pierre Smirnoff Fils)酒厂在莫斯科建成；1917 年，十月革命后，仍是一个家族的企业；1930 年，伏特加酒的配方被带到美国，在美国也建起了宝狮(Smirnoff)酒厂，所产酒的酒精度很高，在最后过程中用一种特殊的木炭过滤，以求取得伏特加酒味纯净。

1. 伏特加的特点

伏特加是以多种谷物（马铃薯、玉米）为原料，用重复蒸馏、精炼过滤的方法除去酒精中所含毒素和其他异物的一种纯净的高酒精浓度的饮料。伏特加无色无味，没有明显的特性，但很提神。伏特加酒口味烈，劲儿大、刺鼻，除与软饮料混合使之变得甘洌，或与烈性酒混合使之变得更烈之外，别无他用。但由于酒中所含杂质极少，口感纯净，并且可以任何浓度与其他饮料混合饮用，所以，经常用于做鸡尾酒的基酒，酒度一般在40～50度之间。

2. 伏特加的酿造方法

伏特加的传统酿造法，首先是以马铃薯或玉米、大麦、黑麦为原料，用精馏法蒸馏出酒度高达96度的酒精液，再使酒精液流经盛有大量木炭的容器，以吸附酒液中的杂质（每10升蒸馏液用1.5千克木炭连续过滤不得少于8小时，40小时后至少要换掉10%的木炭），最后用蒸馏水稀释至酒度40～50度而成的。此酒不用陈酿即可出售、饮用，也有少量的，如香型伏特加，在稀释后还要经串香程序，使其具有芳香味道。伏特加与金酒一样，都是以谷物为原料的高酒精度烈性饮料，且不需贮陈。但与金酒相比，伏特加干烈、无刺激味，而金酒有浓烈的杜松子味道。

3. 俄罗斯伏特加

俄罗斯伏特加最初以大麦为原料，以后逐渐改用含淀粉的马铃薯和玉米，制造酒醪和蒸馏原酒并无特殊之处，只是过滤时，将精馏而得的原酒注入白桦活性炭过滤槽中，经缓慢的过滤程序，使精馏液与活性炭分子充分接触而净化，将所有原酒中所含的油类、酸类、醛类、酯类及其他微量元素去除，便得到非常纯净的伏特加。俄罗斯伏特加酒液透明，除酒香外，几乎没有其他香味，口味凶烈，劲儿大、冲鼻，火一般的刺激，其名品有：波士伏特加（Bolskaya）、苏联红牌（Stolichnaya）、苏联绿牌（Mosrovskaya）、柠檬那亚（Limonnaya）、斯大卡（Starka）、朱波罗夫卡（Zubrovka）、俄国卡亚（Kusskaya）、哥丽尔卡（Gorilka）。

4. 波兰伏特加

波兰伏特加的酿造工艺与俄罗斯相似，区别只是波兰人在酿造过程中加入一些草卉、植物果实等调香原料，所以波兰伏特加比俄罗斯伏特加酒体丰富，更富韵味，名品有：兰牛（Blue Rison）、维波罗瓦红牌（Wyborowa）、维波罗瓦兰牌（Wyborowa）、朱波罗卡（Zubrowka）。

5. 其他国家和地区的伏特加

除俄罗斯与波兰外，其他较著名的生产伏特加的国家和地区还有：

（1）英国：哥萨克（Cossack）、夫拉地法特（Viadivat）、皇室伏特加（Imperial）、西

尔弗拉多(Silverad)。

(2)美国:宝狮伏特加(Smirnoff)、沙莫瓦(Samovar)、菲士曼伏特加(Fielshmann's Royal)。

(3)芬兰:芬兰地亚(Finlandia)。

(4)法国:卡林斯卡亚(Karinskaya)、弗劳斯卡亚(Voloskaya)。

(5)加拿大:西豪维特(Silhowltte)。

知识点二:伏特加酒的饮法

伏特加酒标准用量为每位客人 42 毫升,用利口杯或用古典杯服侍,可作佐餐酒或餐后酒。纯饮时,备一杯凉水,以常温服侍;快饮(干杯)是其主要饮用方式。许多人喜欢冰镇后干饮,仿佛冰融化于口中,进而转化成一股火焰般的清热。

实训内容

一、认识世界上著名的伏特加品牌

瑞典伏特加酒

芬兰伏特加酒

冠伏特加酒

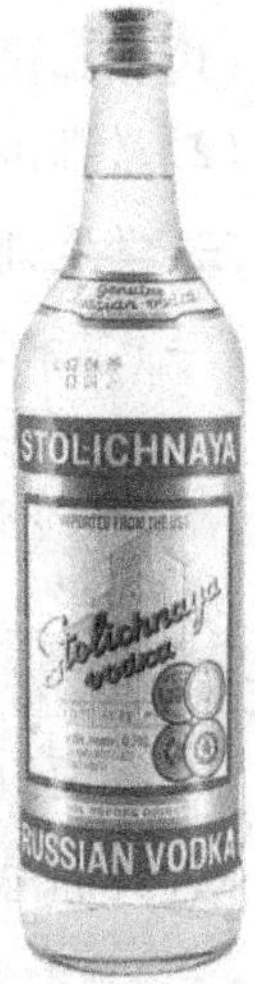

牌伏特加酒

二、伏特加酒的饮用方式

1. 净饮

选用利口杯或古典杯,酒适合常温饮用。

2. 加冰饮用

选用古典杯,将伏特加和半杯冰块放入杯中稍加搅拌后加 1 片柠檬。

3. 混合饮用

选平底杯,在杯中加入1/3的冰块,注入伏特加。中性伏特加无色、无味,非常适合兑果汁、汽水饮用,一般兑至杯八分满,还要配上吸管和搅棒。

伏特加作基酒来调制鸡尾酒,比较著名的有:黑俄罗斯(Black Russian)、螺丝钻(Screw Driver)、血腥玛丽(Bloody Mary)等。

实训内容

课堂组织

一、班前会(根据学生人数分成若干小组)

(1)上课铃响,集合、点到。

(2)检查仪容仪表。

(3)模拟领班或主管发言:总结前一天工作情况,安排今天工作。

二、教师示范

(1)教师讲解实训课教学内容、教学目的。

(2)教师讲解相关知识。

三、学生训练、教师巡查

(一)基本训练

按照两人一组,分别扮演客人和酒吧服务员进行伏特加酒水知识介绍。

(二)应变训练

(1)将学生一分为二,分别扮演酒吧服务员和客人:要求模拟客人的学生在模拟过程中,尽量想出各种合理的特殊要求,请模拟酒吧服务员的同学应答。

(2)将两组学生模拟的角色变换后,再进行一次练习。

四、实训总结

(一)由教师讲解操作要点

(1)服务要注意微笑的表情。

(2)语言要简练。

(3)酒吧服务员在服务过程中要有主动性。

A. 主动推销伏特加。

B. 通过提问主动问讯客人所需伏特加。

(二)教师根据学生实训情况进行总结表扬

(1)回答学生提问。

(2)针对实习情况进行总结表扬。

实训考核

一、基础知识部分

1. 内容

(1)名词解释:伏特加。

(2)说出伏特加的特点及著名产地。

(3)根据英文名称识别出各种伏特加。

(4)简单介绍伏特加的酿造方法。

(5)如何饮用伏特加?

2. 方式

笔试加口头表述。

二、饮用和服务标准部分

1. 内容

说出伏特加的饮用和服务标准。

2. 方式

实验室操作。

实训项目十：朗姆酒的识别

实训目的

(1)掌握世界著名朗姆酒的特点、原料、种类和名品。

(2)熟记朗姆酒的产地和酿酒原料。

(3)掌握朗姆酒的贮存、鉴赏、饮用与服务方法。

实训时间

2 学时。

实训准备

实训场地准备：酒吧实训室。

实训用品准备：各种酒杯、托盘、朗姆酒、摇酒器、量酒杯、长匙、抹布。

仪容仪表准备：到课人员须身着白衬衣，系黑领结，穿深色裤子（女士穿深色裙子）。制服应及时换洗，始终保持清洁平整。女服务员首饰应当从简，指甲修短，化淡妆，切忌浓妆。

相关知识

知识点一：朗姆酒的起源和分类依据

朗姆酒，被称为火酒，它的绰号又叫“海盗之酒”，因为过去横行在加勒比海地区的海盗都喜欢喝朗姆酒。

朗姆酒的原料为甘蔗，产地主要是西半球的西印度群岛及美国、墨西哥、古巴、牙买加、海地、多米尼加、特立尼达和多巴哥、圭亚那、巴西等国家。另外，非洲岛国马达加斯加也出产朗姆酒。

15 世纪，哥伦布发现新大陆后，西方殖民者在西印度群岛一带广泛种植甘蔗，榨取甘蔗制糖，在制糖时剩下许多残渣，这种副产品称为糖蜜。人们把糖蜜、甘蔗汁在一起蒸馏,就形成新的蒸馏酒,但当时的酿造方法非常简单,酒质不好。这种酒只是种植园的奴隶们喝,而奴隶主们喝葡萄酒。后来蒸馏技术得到改进,把酒放在木桶里储存一段时间,就成为爽口的朗姆酒了。

那么,为什么称这种甘蔗酒为朗姆酒呢？说法很多。其中,英国人对朗姆酒的起源有这样的描述:1745 年,英国海军上将弗农在航海时发现手下的士兵患了坏血病。因此,他命令士兵们停止喝啤酒,改喝西印度群岛的新饮料,凑巧把病治好了。这些士兵为感谢弗农上将,称他为老古怪(Rum 有古怪的意思),而把这种酒精饮料称为朗姆。

朗姆酒,是微黄的褐色液体。具有细致、甜润的口感,芬芳馥郁的酒精香味。朗姆酒是否陈年并不重要,主要是看是不是原产地。它分为清淡型和浓烈型两种风格。清淡型朗姆酒是用甘蔗糖蜜、甘蔗汁加酵母进行发酵后蒸馏,在木桶中储存多年,再勾兑配制而成。酒液呈浅黄色到金黄色,酒度在 45～50 度。清淡型朗姆酒主要产自波多黎各和古巴。它们有很多类型并具有代表性。

浓烈型朗姆酒是由掺入榨糖残渣的糖蜜在天然酵母菌的作用下缓慢发酵制成的。酿制的酒在蒸馏器中进行 2 次蒸馏,生成无色的透明液体,然后在橡木桶中熟化 5 年以上。

浓烈朗姆酒呈金黄色,酒香和糖蜜香浓郁,味辛而醇厚,酒度在 45～50 度。浓烈型朗姆酒以牙买加的为代表。

朗姆酒按口味分为三类：淡朗姆酒,无色,味道精致、清淡,是以鸡尾酒基酒与其他饮料的原料兑和而成；中性朗姆酒,生产过程中,加水在糖蜜上使其发酵,然后仅取出浮在上面澄清的汁液蒸馏、陈化,出售前用淡朗姆或浓朗姆兑和至合适程度；浓朗姆酒,在生产过程中先让糖蜜放 2～3 天发酵,加入上次蒸馏留下的残渣或甘蔗渣使其发酵,甚至要加入其他香料汁液,放在单式蒸馏器中,蒸馏出来后,注入内侧烤过的橡木桶中陈化数年。

朗姆酒按颜色分为三种:白朗姆酒、金朗姆酒、黑朗姆酒。白朗姆酒,指无色或淡色,又叫银朗姆酒（Silver Rum）,制造时是让经过入桶陈化的原酒,再经过活性炭过滤去除杂味;金朗姆酒（Golden Rum）,是介于白朗姆酒和黑朗姆酒之间的酒液,通常用两种酒混合；黑朗姆酒（Dark Rum),浓褐色,多产自牙买加,通常用于制点心,实际是浓朗姆酒。

知识点二:朗姆酒的饮法

朗姆酒的饮用也是很有趣的。在出产国和地区,人们大多喜欢喝纯朗姆酒,不加以调混。他们认为朗姆酒的独特风味是要直接品味的。实际上这是品尝朗姆酒的最好方法。而在美国,一般把朗姆酒用来调制鸡尾酒,很少纯饮。朗姆酒的用途很多，它可用作甜点的调味品，在加工烟草时加入朗姆酒可以增加风味。另外，因为烧焦的蔗糖有强烈的香味，所以，朗姆酒也经常用于在烹饪上制作糕点、糖果、冰激凌及法式大菜的调味。除此之外，朗姆酒饮用时还可加冰、加水、加可乐和加热水。据说用热水和黑色朗姆酒兑在一起，便是冬天治感冒的特效偏方。芳醇、浓郁、清爽的金朗姆适合干饮；白朗姆酒最适宜加冰块饮，舌感畅快异常。朗姆酒酒色越深表示年份越久，也大量用于调酒。朗姆酒的名牌有：白加地白朗姆酒、麦耶黑朗姆酒、摩根船长等。

朗姆酒的主要生产国：

(1)法属西印度群岛的马提尼克岛和瓜德罗普岛。

(2)牙买加、巴巴多斯、圭亚那及特立尼达和多巴哥。

(3)巴西、委内瑞拉、澳大利亚、古巴、波多黎各、墨西哥、玻利维亚、俄罗斯、西班牙。

实训内容

一、认识世界上著名的朗姆酒品牌

白加地金朗姆酒

白加地白朗姆酒

摩根船长朗姆酒(黑)

摩根船长朗姆酒(白)

奇峰朗姆酒

麦耶朗姆酒

哈瓦娜朗姆酒

百加得冰锐朗姆酒

二、朗姆酒的饮用与服务

1. 净饮

选用利口杯或古典杯,把 1 盎司朗姆酒倒入杯内,放 1 片柠檬。

2. 加冰饮用

选用古典杯,在杯中放入半杯冰块,倒入 1 盎司朗姆酒。

3. 混合饮用

选用平底杯,在杯中加入 1/3 的冰块,注入 1 盎司的酒,可以掺和果汁、汽水饮用。

实训内容

课堂组织

一、班前会(根据学生人数分成若干小组)

(1)上课铃响,集合、点到。

(2)检查仪容仪表。

(3)模拟领班或主管发言:总结前一天工作情况,安排今天工作。

二、教师示范

(1)教师讲解实训课教学内容、教学目的。

(2)教师讲解相关知识。

三、学生训练、教师巡查

(一)基本训练

按照两人一组,分别扮演客人和酒吧服务员进行朗姆酒酒水知识介绍。

(二)应变训练

(1)将学生一分为二,分别扮演酒吧服务员和客人:要求模拟客人的学生在模拟过程中尽量想出各种合理的特殊要求,请模拟酒吧服务员的同学应答。

(2)将两组学生模拟的角色变换后,再进行一次练习。

四、实训总结

(一)由教师讲解操作要点

(1)服务要注意微笑的表情。

(2)语言要简练。

(3)酒吧服务员在服务过程中要有主动性。

A. 主动推销朗姆酒。

B. 通过提问主动问讯客人所需朗姆酒。

(二)教师根据学生实训情况进行总结表扬

(1)回答学生提问。

(2)针对实习情况进行总结表扬。

实训考核

一、基础知识部分

1. 内容

(1)名词解释:朗姆酒。

(2)说明不同产地的朗姆酒各有什么特点。

(3)朗姆酒如何分类?

(4)列举朗姆酒的著名品牌。

2. 方式

笔试加口头表述。

二、饮用和服务标准部分

1. 内容

如何饮用朗姆酒?

2. 方式

实验室操作。

实训项目十一：中国白酒的识别

实训目的

(1)了解中国白酒的生产与消费概况。

(2)熟悉中国白酒的发展历史、饮酒习惯、劝酒习俗等酒品文化内容，了解中国白酒的酒礼节。

(3)掌握中国白酒的主要成分与名品。

实训时间

2 学时。

实训准备

实训场地准备：酒吧实训室。

实训用品准备：白酒杯、托盘、白酒、抹布。

仪容仪表准备：到课人员须身着白衬衣，系黑领结，穿深色裤子(女士穿深色裙子)。制服应及时换洗，始终保持清洁平整。女服务员首饰应当从简，指甲修短，化淡妆，切忌浓妆。

相关知识

知识点一：中国白酒的分类

(一)从生产、销售及酒品特色分类

1. 按所使用的原料划分

粮食酒：是用高粱、玉米、大米等谷物酿造的酒。

2. 按照糖化发酵剂划分

(1)大曲酒，用大曲(曲的形状)酿制的酒。

(2)小曲酒，用小曲酿造的固态或者半固态发酵白酒。一般在我国的南方地区较热的地区生产。

3. 按照生产工艺划分

(1)固态法白酒。是我国传统的白酒制作工艺,是指原料经过固态发酵,固态蒸馏而成的酒。

(2)液态法白酒。是原料经过液态发酵,液态蒸馏而成的。

(3)调香白酒。用固态法生产的白酒或者液态法生产的酒精经过加香而成的酒。

(4)串香白酒。以液态法生产的酒精,加入固体发酵香钡内,重新蒸馏而成的酒。

4. 按照香型划分

浓香型、清香型、酱香型、米香型及其他香型。

5. 按照酒的度数划分

(1)高度酒,60 度左右的酒。

(2)降度酒,一般指降到了 54 度左右的酒。

(3)低度酒,一般指 39 度以下的酒。

6. 按白酒质量划分

国家名优白酒、轻工业部优质白酒、省自治区、市地方名白酒及优质白酒。

7. 按白酒价格划分

高档酒、中档酒、低档酒。

(二)常见中国白酒的地域分类

川酒:五粮液、王食春、尖庄、五粮醇、五粮神、泸州老窖、郎酒、剑南春、全兴大曲、太白酒、文君酒。

贵酒:茅台、董酒、习水大曲、黑糯米酒。

陕(秦)酒:西凤酒、店头高酒。

湘酒:酒魂酒、酒鬼酒、湘泉酒、武陵酒、浏阳河、德山大曲白沙液。

鄂酒:稻花酒、枝江大曲、白龙井、白云边、石花大曲、西陵特曲。

晋酒:汾酒、杏花村竹叶青。

豫酒:宋河粮液、杜康、赊店、张弓、百泉春酒。

鲁酒:心酒、金贵特曲、兰陵、孔府家酒、即墨老酒。

苏酒:双沟大曲、洋河大曲、封缸酒。

赣酒:四特酒。

皖酒:古井贡、口子酒、沙河王、双轮池、双轮王、金种子、贡酒、龙兴御液。

青酒:青稞、酒冀酒、曹雪芹家酒、丛台酒。

京酒:二锅头、北京醇、华堂酒。

冀酒:刘灵醉酒、衡水老白干。

津酒:直沽烧。

蒙酒:河套老窖、宁城老窖、蒙古珍酒、鸿茅药酒、蒙古王。

东北酒:北大仓酒、凌川白酒、千山酒。

中国人爱喝酒。中国是世界上喝酒人数最多的国家。古往今来,帝王将相喝酒,文人武士喝酒,才子佳人喝酒,普通百姓喝酒,甚至一些小孩子也喝酒,喝酒一直是中国人生活的重要内容。中国白酒在世界上有着自己独特的魅力。白酒以前叫烧酒、高粱酒,新中国成立后统一称白酒、白干酒。为什么叫白酒、白干和烧酒?白酒就是无色的意思,白干酒就是不掺水的意思,烧酒就是将经过发酵的原料加热蒸馏出来的酒。我国白酒的酒度早期很高,有62度、65度、67度之分。度数这么高,在世界的其他国家是罕见的。近几年,国家提倡降低酒的度数,有不少大的酒厂已成功试制了度数为39度、38度的低度白酒。

中国白酒在世界六大种类的蒸馏酒里占有一席之地。分为清香型,酱香型,窖香型等多种类型,在制作工艺上比世界上的其他蒸馏酒都要复杂。

知识点二:中国白酒的酒文化

中国人的酒文化实际上就是在喝酒时人与人之间的关系。

1. 酒德和酒礼

酒德的意思,就是说要让饮酒者有德行。饮酒作为一种饮食文化,早在远古时期就已经成为大家必须遵守的礼节。现在中国的酒文化就是从历史的长河中逐步演变、积淀起来的。在过去饮酒的酒宴上,主人要向客人去敬酒,客人也要回敬主人,敬酒的时候要说祝酒词,开宴之前主人还要说开酒词,有时候要依次向客人敬酒,敬酒时不管是敬酒人还是接酒人都要离开座位,站起来以表示尊敬。此种说法的酒德和酒礼,在当今社会交往的宴会场合中还经常被提倡。

2. 劝酒习俗

中国人的酒文化在酒桌上体现得淋漓尽致,人与人之间的感情往往在这种场合得到进一步的升华。中国人,特别是北方人敬酒时都想让客人多喝一点,以表示自己尽到地主之谊。客人喝的越多主人越高兴,不过有时喝了过多的酒,会让人身体上很不舒服,故现代中国的一些城市,也开始采用外国的劝酒方式,即只在开宴和离宴时敬酒,其他时间就随意了。

传统的敬酒方式有以下几种是比较常见的。

"文敬":就是有礼有节地劝客人饮酒。酒席开始了,主人要先敬第一杯酒,并须将杯中的酒一饮而尽,将空杯子的杯口朝下,以示对客人的尊重;客人一般也要将第一杯酒喝完。

“回敬”:是客人要向主人敬酒。

“互敬”:是主人和客人之间你来我往的一种敬酒方式,在席间分别找出各种理由来相互敬酒,在找理由的时候,双方的情感得到升华。

“罚酒”:是一种敬酒的特殊方式,说法也是五花八门,比如,迟到要喝、说错话要喝等。

“代饮”:是指本人不会饮酒或者不擅长饮酒时,为了不扫兴就找和自己有特殊关系的人代替自己饮酒的一种方式。还有另外一种情况,就是主人向未到的客人敬酒,就要让与未到客人关系特殊的人喝酒,以示让其为未到者带回去的一种方式。

总而言之,酒是人与人之间交往交流的一条纽带。通过酒可以展示出人们的真实内心和情感,可以松弛紧张的情绪,可以帮助人们搞好人际关系,在酒文化的氛围中还能启发智慧等。但同时也要看到饮酒过量的危害,每年我国春节期间都有很多人因为饮酒过量而酿成悲剧。因此,有些国家就以法规形式强制性地约束人们的饮酒行为。我们也要从自身做起,让酒成为令人愉快的工具,一定要控制饮酒量,不让酒成为“毒药”。

3. 重大节日的饮酒习惯

中国人每年都有几个传统的重大节日,这些节日的共同点,就是都要饮酒助兴。如,端午节、中秋节、重阳节,特别是中国人最重视的春节,都有饮酒的习惯。春节的年夜饭,是一年中最丰盛的一餐,是一家人相聚团圆的日子。在春节串门时,主人都会准备好丰盛的饭菜,斟上酒来共贺新春。南北方的习俗有所不同,北方擅饮,南方则适可而止。

4. 婚姻饮酒的习俗

中国人自古以来结婚办喜事都要通知亲朋好友一起举杯庆贺,称为办酒席。俗称“喝喜酒”,就是去参加婚礼的宴会。“定亲酒”,一般是指男女双方订婚时要摆的酒席,一旦喝了定亲酒就不能随意退婚或者赖婚了。“回门酒”,是指结婚的第 3 天,新婚夫妇要回到女方家里去探望长辈。这次酒由女方操办,吃完午饭后新婚夫妇就要一同回家,不能在娘家过夜。喝“交杯酒”,则是在婚礼上新婚夫妇表示永远互敬互爱、和和美美的一种传统习俗。

5. 其他饮酒习俗

“寿酒”,是指给长辈过生日时办的酒席。

“满月酒”,孩子满月时摆上几桌酒席,邀请亲朋好友共同祝贺。

“开业酒”,店铺开张为了图吉利,老板要置办酒席,喜庆祝贺。

“送行酒”,朋友远行,举办宴席,以表惜别之情。

知识点三:中国白酒的饮用方法

因为白酒中成分很复杂,其中不少物质是人体健康所必需的,所以有失眠症者睡前适量少饮，有利于睡眠，并能刺激胃液与唾液的分泌，起到健胃作用。而且，适量饮用白酒还有通风散寒、舒筋活血的作用。但是，由于白酒度数较高，不可过量饮用，否则容易造成酒精中毒，损害肝脏和脑细胞；孕妇大量饮酒还会危害胎儿的健康。

普通人饮用白酒时，高度白酒每日饮用量最好不超过 2 两；低度白酒每日最好不超过 3 两。

喝白酒要讲究品酒，这样才能体现白酒的真正价值。因为白酒的真正风韵和滋味，只有在轻闻细品中才能体味得到。人的舌头各部位是有分工侧重的。如，舌尖对甜敏感，两侧对酸敏感，舌后部则对苦涩敏感，而整个口腔和喉头都对辛辣敏感，所以，只有先闻再浅啜，让它在舌中滋润、和匀，才能感受到白酒的甜、绵、软、净、香。这才是科学、文明饮酒。

实训内容

课堂组织

一、班前会（根据学生人数分成若干小组）

（1）上课铃响，集合、点到。

（2）检查仪容仪表。

（3）模拟领班或主管发言：总结前一天工作情况，安排今天工作。

二、教师示范

（1）教师讲解实训课教学内容、教学目的。

（2）教师讲解相关知识。

三、学生训练、教师巡查

（一）基本训练

按照两人一组，分别扮演客人和酒吧服务员进行白酒酒水知识介绍。

（二）应变训练

（1）将学生一分为二，分别扮演酒吧服务员和客人：要求模拟客人的学生在模拟过程中尽量想出各种合理的特殊要求，请模拟酒吧服务员的同学应答。

（2）将两组学生模拟的角色变换后，再进行一次练习。

四、实训总结

（一）由教师讲解操作要点

（1）服务要注意微笑的表情。

(2)语言要简练。

(3)酒吧服务员在服务过程中要有主动性。

A. 主动推销白酒。

B. 通过提问主动了解客人所需白酒。

(二)教师根据学生实训情况进行总结表扬

(1)回答学生提问。

(2)针对实习情况进行总结表扬。

实训考核

一、基础知识部分

1. 内容

(1)说出中国白酒的特点及著名产地。

(2)说出中国白酒的饮用习惯。

2. 方式

笔试加口头表述。

二、饮用和服务标准部分

1. 内容

简述中国白酒的饮用和服务标准。

2. 方式

实验室操作。

实训项目十二:配制酒的识别

实训目的

(1)了解配制酒的含义、分类和特点。

(2)掌握配制酒中的餐前酒、甜食酒和餐后酒的贮存、鉴赏、饮用与服务方法。

实训时间

2 学时。

实训准备

实训场地准备:酒吧实训室。

实训用品准备:各种配制酒酒杯、托盘、长匙、摇酒器、冰锥、搅拌棒、量酒杯、螺丝开瓶器、冰桶、过滤器(隔冰器)、瓶嘴(倒酒嘴)、冰铲、酒签、各种配制酒、抹布。

仪容仪表准备:到课人员须身着白衬衣,系黑领结,穿深色裤子(女士穿深色裙子)。制服应及时换洗,始终保持清洁平整。女服务员首饰应当从简,指甲修短,化淡妆,切忌浓妆。

相关知识

知识点一:配制酒的分类

配制酒,又称混成酒,是指在成品酒或食用酒精中加入药材、香料等原料精制而成的酒精饮料。其配制方法,一般有浸泡法、蒸馏法、精炼法三种。浸泡法,是指将药材、香料等原料浸没于成品酒中陈酿而制成配制酒的方法;蒸馏法,是指将药材、香料等原料放入成品酒中进行蒸馏而制成配制酒的方法;精炼法,是指将药材、香料等原料提炼成香精加入成品酒中而制成配制酒的方法。

配制酒的分类大致如下:

1. 味美思酒(Vermouth、Vermuth)

味美思酒,系著名的开胃酒。起源于古希腊,将药材浸于葡萄酒中,以增酒之风味,到了罗马时代,进行改进,称为加香葡萄酒。现在的味美思以意大利及法国最为著名。

(1)意大利味美思(Italian Vermouth)。意大利味美思,原料为白葡萄酒,所加香料有苦艾、金鸡纳树皮、龙胆、肉桂、麝香草等。具有滋补及开胃功效。分红褐色和金黄色两种,风味至佳。多为甜型,尤为女士喜欢。一般酒度15~17度,含糖最高可达20%。特征为:甜味中略带后苦,芳香醇厚,柔和爽口,苦艾味特强。

(2)法国味美思(French Vermouth)。法国味美思,原料为一种独特方式酿成的葡萄酒,糖分低,所加香料为苦艾、苦橙皮、小豆蔻、芦荟等,酒色较淡,多为干型。酒度一般为18度。富刺激性。

2. 法国甜酒(Chartreuse)

法国甜酒,亦称修道院酒、荨麻酒、查尔特勒酒、查特酒,是世界闻名的香甜酒,有"香甜酒女王"之称。因其由法国Grande Chartreuse修道院独家配制,所以得名。香料有海索草、薄荷、橙皮等熏蒸而成,芳香甜烈,具疗效,有绿色及黄色两种。前者酒度高。

3. 泵酒(Benedictine)

泵酒,亦称当酒或丹姆酒,创制于16世纪时的法国诺曼底费康地区的本尼提克派僧侣之手,由多种香料制成的甜烈酒,香醇浓厚,号称圣酒。标签上印有D. O. M.字样,意为奉献给至高无上的主。

4. 茴香酒

大茴香,是一种草本植物的种子,原产于地中海沿岸地区。

(1)艾草酒(Absinthe)。艾草酒,亦称苦艾酒。用苦艾花和叶研成粉,拌和大茴香、胡荽和香果汁等,浸泡在酒精中,再将浸出液蒸馏而成,是绿色的烈性苦味酒,有强烈的兴奋和刺激性作用。酒精含量达70%,以瑞士产最好,法国次之。

(2)培诺(Pernod)。培诺,是法国产绿色茴香酒的商标,有较强的兴奋及刺激作用,自从更为强烈的艾草酒在法、美等国禁止销售后,此酒就取而代之了。

(3)安妮塞特(Anisette)。安妮塞特,即大茴香酒,是法国产的白色甜利口酒,香气极大。味类于甘草精,配制此种酒大致是将大茴香子、白芷根、苦扁桃、柠檬皮、胡荽等浸泡于酒精中,加水精馏,调全丁香香精和糖而成。

(4)库美露(Kummel)。库美露,又称为卡米尔甜酒,用芷茴香等多种香料浸渍而成的甜利口酒,具开胃消滞作用。荷兰产。

5. 樱桃酒

(1)樱桃酒(Cherry Brandy)。樱桃白兰地最著名的产地是丹麦,其次是法国。

这种酒以樱桃为原料，樱桃装于桶内约一半，注满酒精，浸泡后去渣加糖。

(2)马利士其诺(Marachino)。马利士其诺，也称为黑樱桃酒，是用前南斯拉夫达尔马提亚地方生长的马利士其诺樱桃制成的白色甜酒。

(3)奇士(Kirsch)。瑞士产白色利口酒。

6. 橙香酒

(1)橙皮酒(Curacao)。橙皮酒，本来是以委内瑞拉西北洋面上同名小岛所产苦橙皮为主料，浸渍于白兰地酒中而成，故名，现在多已采用西班牙所产苦橙替代。此酒味甜美，色黄、棕、白。

(2)拜亚酒(Byrrh)。拜亚酒，法产开胃红葡萄酒，有轻微的金鸡纳味，是法国妇女喜爱的补酒。

(3)里力(Lillet)。法产开胃白葡萄酒。

(4)阿梅皮康酒(Amer Picon)。法产开胃酒。

(5)金巴利(Campari)。金巴利，亦名意大利苦酒，意大利产红色开胃酒，用橘皮及多种草药制成。有覆盆子味及金鸡纳味，酒精含量为23度。

(6)菲尔内布兰卡(Fernet Branca)。意大利产菲尔内布兰卡，用多种草药制成的开胃酒，黑色，有苦味，并有轻微的止痛作用。

7. 苦味酒

苦味酒，是指专为鸡尾酒加香用的酒，用途除加香外，还能促进人体对酒精的吸收。

(1)必打士(Bitters)。必打士，亦称苦灵，用金鸡纳树汁液，龙胆草、其他香料浸渍而成，有特殊香味，味甘苦，醒脑健胃，有轻微的兴奋作用，据说苦味酒是19世纪初一位英国军医约翰西尔特在南美洲的特立尼达岛发明的。

(2)安哥斯图拉(Angostura Bitters)。安哥斯图拉，俗称约必打士或约苦水，以安哥树皮为主要香料，浸泡于朗姆酒中而成，猩红色。因此，也有人将其称为树皮酒。安哥树皮是从南美芸香科中的某两种乔木得到的，芳香，有苦味，且有滋补和退热作用。

8. 其他

(1)禁果酒(Forbidden Fruit)。禁果，是指柑橘的变种，尤指一种小柚子。禁果酒产于美国，是橙色利口酒，用白兰地酒添加柚汁而成。

(2)杜林标(Brambuie)。杜林标，蜂蜜酒，是苏格兰产威士忌，加蜂蜜和香草调香，酒色金黄。

(3)加利安奴(Galliano)。加利安奴，香草酒，意大利产，色呈柠檬黄。

(4)帕菲厄姆尔(Parfair Amour)。帕菲厄姆尔，是法产柠檬皮味的粉红色利口酒。

(5)卡鲁瓦(Kahlua)。卡鲁瓦，系墨西哥产咖啡酒。

(6)爱尔啤酒(Ale)。爱尔啤酒，系英国特产，用大麦加槐花发酵而成，有泡沫和特殊的香味，微苦，色较一般啤酒深。酒精含量小于5度。

(7)斯托特(Stout)。斯托特，系英国特产的一种黑啤酒，其啤酒花比一般啤酒使用得多，茶褐色，味酸，酒精含量约2度。实际上这是黑啤酒Porter的译音。

利口酒：

白薄荷酒

可可甜酒

蓝橙甜酒

绿薄荷甜酒

哈密瓜甜酒

白可可甜酒

车厘子甜酒

椰子甜酒

黑刺李甜酒

咖啡甜酒

当酒(法国修士酒)(Benedictine)(DOM)属于草料利酒度42%

君度橙甜酒

贝利丝奶油甜酒(Bailey's Irish Cream)，酒度17%

巧克力甜酒(Bols)

香蕉甜酒(Bols)

西番莲甜酒(Bols)

金巴利苦味酒

西瓜甜酒,日本产,酒度23%

金万利香橙白兰地(Grand Marnier)

黑加仑甜酒

开胃酒:

马天尼干(Martini ary)

里卡尔茴香酒,法国产,25%

法国产苦味酒(Amer Picon),21%,以苦出名

特立尼达和多巴哥产苦味酒,44%

意大利产菊芋苦味酒,17%

希腊产乌朱苦味酒

法国产潘诺茴香酒

马天尼红(Martini rosso)

开胃酒的饮用与服务:

(1)净饮。开胃酒的标准用量为一杯50毫升。茴香酒的标准用量为一杯30毫升。金巴利饮用时配一片柠檬。

(2)加水或兑和饮用。味美思,要冰镇饮用,也可以加入冰镇过的苏打水冲调。比特酒,用苏打水冲兑,加冰块。苏滋酒,可根据客人要求兑以柠檬水或石榴汁,应该在客人面前进行服务操作。

甜食酒的饮用和服务:

甜食酒适合纯饮,每份标准用量为50毫升。选用红白葡萄酒杯服务。普通甜食酒开瓶后应一次性用完;较好的甜食酒开瓶后也不宜超过2天,剩余的酒应该放在冰箱冷藏室里待用。

雪梨酒的饮用与服务:

(1)饮用。雪梨酒适合纯饮,干型酒冰镇后用做开胃酒,甜型酒用做甜食酒。

(2)服务。专用的雪梨酒杯容量为4盎司,斟5分满即可。

波特酒的饮用与服务:

(1)饮用。波特酒适合纯饮,采用专用的波特酒杯,容量为2盎司,斟7分满即可。

(2)服务。白波特酒适合低温饮用;色泽较深的波特酒适合略低于室温饮用;优质波特酒酒精含量高,最大的好处是开瓶后仍可保持一个月。

实训内容

课堂组织

一、班前会(根据学生人数分成若干小组)

(1)上课铃响,集合、点到。

(2)检查仪容仪表。

(3)模拟领班或主管发言:总结前一天工作情况,安排今天工作。

二、教师示范

(1)教师讲解实训课教学内容、教学目的。

(2)教师讲解相关知识。

三、学生训练、教师巡查

(一)基本训练

按照两人一组,分别扮演客人和酒吧服务员进行配制酒酒水知识介绍。

(二)应变训练

(1)将学生一分为二,分别扮演酒吧服务员和客人:要求模拟客人的学生在模拟过程中,尽量想出各种合理的特殊要求,请模拟酒吧服务员的同学应答。

(2)将两组学生模拟的角色变换后,再进行一次练习。

四、实训总结

(一)由教师讲解操作要点

(1)服务要注意微笑的表情。

(2)语言要简练。

(3)酒吧服务员在服务过程中要有主动性。

A. 主动推销各种配制酒。

B. 通过提问主动问讯客人所需配制酒。

(二)教师根据学生实训情况进行总结表扬

(1)回答学生提问。

(2)针对实习情况进行总结表扬。

实训考核

一、基础知识部分

1. 内容

(1)名词解释:开胃酒、味美思、茴香酒、甜食酒、雪梨酒。

(2)味美思分为几大类？各有什么特点？

(3)列举味美思的著名出产国及名品。

(4)分别列举比特酒和利口酒的著名品牌。

(5)简述雪梨酒的酿造方法。

2. 方式

笔试加口头表述。

二、饮用和服务标准部分

1. 内容

简述开胃酒、甜食酒、雪梨酒、波特酒的饮用和服务标准。

2. 方式

实验室操作。

实训项目十三：软饮料的识别

实训目的

(1)了解软饮料的概念与含义。

(2)掌握软饮料、矿泉水、咖啡及茶的概念。

(3)掌握软饮料的分类、三大热饮、主要饮料的饮用与服务方法。

实训时间

2 学时。

实训准备

实训场地准备：酒吧实训室。

实训用品准备：各种玻璃杯、果汁杯、咖啡杯、托盘、长匙、摇酒器、冰锥、搅拌棒、量酒杯、螺丝开瓶器、榨汁器、冰桶、过滤器(隔冰器)、瓶嘴(倒酒嘴)、冰铲、酒签、各种软饮料、抹布。

仪容仪表准备：到课人员须身着白衬衣，系黑领结，穿深色裤子(女士穿深色裙子)。制服应及时换洗，始终保持清洁平整。女服务员首饰应当从简，指甲修短，化淡妆，切忌浓妆。

相关知识

软饮料，又名清凉饮料、无醇饮料、非酒精饮料，所含酒精限指溶解香精、香料、色素等，用的是乙醇溶剂或乳酸饮料生产的副产物。软饮料的主要原料是饮用水、矿泉水、果汁、蔬菜汁，或植物根、茎、叶、花和果的抽提液。有的含甜味剂、酸味剂、香精、香料、食用色素、乳化剂、起泡剂、稳定剂和防腐剂等食品添加剂。其基本化学成分是水分、碳水化合物和风味物质，有些软饮料还含维生素和矿物质。

按原料和加工工艺的不同，可分为果汁及其饮料、蔬菜汁及其饮料、植物蛋白质饮料、植物抽提液饮料、乳酸饮料和矿泉水等。

按性质和饮用对象的不同，可分为特种用途饮料、保健饮料、餐桌饮料和大众饮料。

知识点一：咖啡的分类

咖啡，是一种营养较为丰富的饮料，既能提神解渴，又能助消化，所以深受消费者喜爱，特别是欧美客人，更将其作为日常生活中必不可少的一部分。世界上著名的咖啡有：

蓝山咖啡

蓝山咖啡，是咖啡中的极品，产于牙买加的蓝山，加勒比海环抱着蓝山。每当太阳直射蔚蓝的海水时，便反射到山上，发出璀璨的蓝色光芒，故而得名。此种咖啡拥有所有好咖啡的特点，不仅口味浓郁香醇，而且由于咖啡的甘、酸、苦三味搭配完美，所以完全不具苦味，仅有适度而完美的酸味。一般都单品饮用，但因其产量极少，价格昂贵无比，所以市面上一般都以味道近似的咖啡调制。

哥伦比亚咖啡

哥伦比亚咖啡，产地为哥伦比亚，烘焙后的咖啡豆会释放出甘甜的香味，具有酸中带甘、苦味中平的良质特性，因为浓度合宜的缘故，常被应用于高级的混合咖啡之中。

圣多斯咖啡

圣多斯咖啡，主要产于巴西的圣保罗。此种咖啡酸、甘、苦三味属中性，浓度适中，带着适度的酸味，口味高雅而特殊，是最好的调配用咖啡，被誉为咖啡之中坚，单品饮用风味亦佳。

摩卡咖啡

摩卡咖啡，产于埃塞俄比亚，豆小而香浓，其酸醇味强，甘味适中，风味特殊。经水洗处理后的咖啡豆，是颇负盛名的优质咖啡，普通皆单品饮用，但若能调配混合咖啡，更是一种理想风味的综合咖啡。

曼特宁咖啡

曼特宁咖啡，产于印度尼西亚的苏门答腊，酸味适度，带有极重的浓香味，口味较苦，但具有浓郁的醇度。一般咖啡爱好者大都单品饮用，但也是调制混合咖啡时不可或缺的品种。

爪哇咖啡

爪哇咖啡，产于印度尼西亚的爪哇岛，属于阿拉比卡种咖啡，烘焙后苦味极强而香味极为清淡，但感觉不到任何酸味。这种口味深受荷兰人的喜爱。此种咖啡豆最常用于混合咖啡与即溶式冲泡咖啡。

危地马拉咖啡

危地马拉咖啡,产于危地马拉。此豆属于波旁种的咖啡豆,是酸味较强的品种之一,味道香醇而略具野性,最适合用来调配成混合咖啡。

康娜咖啡

康娜咖啡,是由夏威夷康娜地区火山熔岩所培育出来的咖啡豆,味道香浓、甘醇,且略带一种葡萄酒香,风味极为特殊。上选的康娜咖啡有适度的酸味和温顺丰润的口感及一股独特的香醇风味,令咖啡爱好者难以忘怀。目前,由于产量日趋减少,且市场需求量颇大,使得康娜咖啡豆的价格直追蓝山咖啡。

咖啡豆的研磨:

由于咖啡豆是由细小的纤维细胞组织所构成,所以在咖啡豆研磨过程中,其纤维细胞会被切开,咖啡油和香醇的味道同时被释放出来。因此,想要冲泡一杯香醇可口的咖啡,研磨过程是非常重要的。

在研磨过程中,首先要注意的事项,是研磨出来的颗粒粗细应一致,如此才能在冲泡时使每一粒咖啡粉末均匀地释放成分,达到咖啡浓度均匀的效果。其次,若采用手动研磨机研磨咖啡豆,宜轻轻转动,以避免产生摩擦热,若采用电动研磨机,则要注意选择摩擦热较低的材质及构造,研磨的粗细,主要取决于冲泡方法和冲泡时间。基本上,冲泡时间愈短,研磨的颗粒宜愈细致。因为颗粒愈小,和热水接触的面积愈大,故冲泡的时间要短。

知识点二:茶叶的种类区别

茶树,原是一种野生植物,据记载第一个发现并饮用茶叶的是4000多年前的神农帝。茶树的正式栽培是从秦汉时期的佛门弟子开始的,至隋唐时期,我国人民渐渐养成了饮茶习惯,并传输至国外。茶,既是一种解渴饮料,又能利尿解毒、帮助消化,所以茶是一种较受人们喜爱的饮料。茶叶种类主要有:

1. 绿茶

绿茶,又称不发酵茶。以适宜茶树新梢为原料,经杀青、揉捻、干燥等典型工艺制成。按其干燥和杀青方法不同,一般分为炒青、烘青、晒青和蒸青绿茶。绿茶具有“清汤绿叶”、“滋味收敛性强”等特点。绿茶是历史最早的茶类,距今3000多年,也是我国产量最大的茶类,产区主要分布于浙江、安徽、江西等省。

2. 红茶

红茶,又称发酵茶。以适宜制作本品的茶树新芽叶为原料,经萎凋、揉捻、发酵、干燥等典型工艺过程精制而成。其汤色以红色为主调,故名。红茶可分为小种红茶、功夫红茶和红碎茶,为我国第二大类茶。

3. 乌龙茶

乌龙茶，亦称青茶，半发酵茶，是我国几大茶类中，独具鲜明特色的茶叶品类。乌龙茶综合了绿茶和红茶的制法，其品质介于绿茶和红茶之间，既有红茶的浓鲜味，又有绿茶的清香，享有绿叶红镶边的美誉。乌龙茶的药理作用，突出表现在分解脂肪，减肥健美等方面。在日本被称为美容茶、健美茶。

4. 白茶

白茶，属轻微发酵茶，是我国茶类中的特殊珍品。因其成品茶多为芽头，满披白毫，如银似雪而得名。主要产区在福建省建阳、福鼎、政和、松溪等县，台湾省也有少量生产。白茶的制作工艺，一般分为萎凋和干燥两道工序，而其关键是在于萎凋。白茶制法的特点，是既不破坏酶的活性，又不促进氧化作用，且保持毫香显现、汤味鲜爽。

5. 黄茶

人们从炒青绿茶中发现，由于杀青揉捻后干燥不足或不及时，叶色即变黄，于是产生了新的品类——黄茶。黄茶属发酵茶类，制作方法与绿茶有相似之处。不同点是多一道闷堆工序。这个闷堆过程是黄茶制法的主要特点，也是它同绿茶的基本区别。

黄茶按鲜叶的嫩度和芽叶大小，分为黄芽茶、黄小茶和黄大茶三类。

6. 黑茶

黑茶，是我国生产历史十分悠久的特有茶类。在加工过程中，鲜叶经渥堆发酵变黑，故称黑茶。黑茶既可直接冲泡饮用，也可压制成紧压茶（如各种砖茶），主要产于湖南、湖北、四川、云南等省和广西壮族自治区。因以销往边疆地区为主，故以黑茶制成的紧压茶，又称边销茶。

7. 其他茶

以基本茶类——绿茶、红茶、乌龙茶、白茶、黄茶、黑茶的原料，经再加工而成的产品称为再加工茶。它包括花茶、紧压茶、萃取茶、果味茶和药用保健茶等，分别具有不同的品味和功效。

知识点三：其他软饮料

一、果蔬饮料

1. 果蔬菜饮料的种类

果汁饮料，是指在果汁（或浓缩果汁）中加入水、糖水、酸味剂、色素等调制而成的单一果汁或者混合果汁制品。成品的果汁含量不低于10%。如，菠萝汁、苹果汁等饮料。

(1)天然果汁，是经过一定的方法将水果加工成没有经过发酵的汁液，具有原有水果果肉的色泽、风味。果汁含量为100%。

(2)果肉果汁,是指含有少量细碎果粒的饮料。如,粒粒橙等。

(3)果蔬菜汁,是指加了水果汁和香料的各种蔬菜汁液。如,番茄汁。我国比较知名的果蔬饮料品牌有农夫果园、如梦、统一等。

2. 果蔬饮料的特点

果蔬饮料之所以越来越被现代人所青睐和喜爱,是因为它与其他饮料相比,有着自己独特的优点和特点。如今,在人们越来越重视健康的社会中,果蔬饮料会越走越好。

二、碳酸饮料

碳酸饮料,是在一定条件下充入二氧化碳气的制品,属软饮料(非酒精饮料)。碳酸饮料又可细分为果汁型、果味型、可乐型、低热量型及其他型等不同类型。

(1)果汁型碳酸饮料

果汁型碳酸饮料,是在产品中添加一定量的原果汁(不低于2.5%的比例)的碳酸饮料。如,橘汁汽水、橙汁汽水、菠萝汁汽水或混合果汁汽水等。这类汽水因为添加了一定量的原果汁,除具有相应水果所特有的色、香、味之外,还有较高的营养成分。在当前食品崇尚健康化、功能化、营养化的趋势下,果汁汽水更是集果汁饮料的营养丰富、滋味纯正和碳酸饮料的凉爽宜人、口感独特为一体,香气协调、柔和,滋味纯正、爽口,浑浊适宜,有的产品有少量果肉沉淀,深受人们,特别是青少年朋友的喜爱,产量大为增加。

(2)果味型碳酸饮料

果味型碳酸饮料,是以食用香精为主要赋香剂,原果汁含量低于2.5%的碳酸饮料。如,橘子汽水、柠檬汽水等。这类汽水色泽鲜艳、价格便宜,具有清凉感。其品种繁多,产量最大。人们可以用不同的香精和着色剂,模仿水果的色泽和香型,生产多种果味汽水。

(3)可乐型碳酸饮料

可乐型碳酸饮料,特指含有焦糖色、可乐香精或类似可乐果和水果香型的辛香、果香混合剂的碳酸饮料。香气协调、柔和,味感纯正、爽口,有清凉、刹口感,由于味道独特,同时,含有咖啡因的产品具有提神作用,人们对这类产品往往有自己的偏爱,尤其可口可乐、百事可乐、非常可乐等知名品牌产品引导了消费方向。

(4)低热量型碳酸饮料和其他型碳酸饮料

低热量型碳酸饮料,是以甜味剂全部或部分代替糖类的各型碳酸饮料和苏打水。其热量不高于75KJ/100mL,具有与品名相符的色泽,香气较协调、柔和,味感纯正、爽口,有清凉感。

还有一些碳酸饮料含有植物油提取物或以非果香型的食用香精为赋香剂,以补充人体运动后失去电解质、能量等的碳酸饮料。如,姜汁汽水、运动汽水等。其中,运动饮料,是指营养素的成分和含量能适应运动员或参加体育锻炼、体力劳动人群的生理特点及特殊营养需要的饮料。

实训内容

课堂组织

一、班前会(根据学生人数分成若干小组)

(1)上课铃响,集合、点到。

(2)检查仪容仪表。

(3)模拟领班或主管发言:总结前一天工作情况,安排今天工作。

二、教师示范

(1)教师讲解实训课教学内容、教学目的。

(2)教师讲解相关知识。

三、学生训练、教师巡查

(一)基本训练

按照两人一组,分别扮演客人和酒吧服务员进行各种软饮料的介绍。

(二)应变训练

(1)将学生一分为二,分别扮演酒吧服务员和客人:要求模拟客人的学生在模拟过程中,尽量想出各种合理的特殊要求,请模拟酒吧服务员的同学应答。

(2)将两组学生模拟的角色变换后,再进行一次练习。

四、实训总结

(一)由教师讲解操作要点

(1)服务要注意微笑的表情。

(2)语言要简练。

(3)酒吧服务员在服务过程中要有主动性。

A. 主动推销各种软饮料。

B. 通过提问主动了解客人所需软饮料。

(二)教师根据学生实训情况进行总结表扬

(1)回答学生提问。

(2)针对实习情况进行总结表扬。

实训考核

一、基础知识部分

1. 内容

(1)说出软饮料的特点及类型。

(2)说出世界著名咖啡出产地及著名品种。

(3)说出绿茶的种类和代表茶。

2. 方式

笔试加口头表述。

二、饮用和服务标准部分

1. 内容

简述咖啡的研磨注意事项。

2. 方式

实验室操作。

3. 咖啡调制考核标准

咖啡名称：	
考核项目和要求细则	1. 整体造型要符合要求 2. 载杯要正确 3. 颜色要正确无偏差 4. 口味要正确无偏差
技能评分标准	1. 要按照正确的方法使用和操作咖啡设备 2. 拿咖啡杯的方法和摇酒壶的动作要符合规范 3. 咖啡不能够溅在工作台上 4. 制作冰咖啡时，倒完咖啡后，摇酒壶里不能够有多余的咖啡 5. 倒在咖啡杯里的咖啡不能够太少或太满 6. 不能用手接触装饰物 7. 要按规定要求操作 8. 不准超时

实训项目十四：鸡尾酒的识别

实训目的

(1)了解掌握鸡尾酒含义、种类、特点与类型。
(2)重点掌握鸡尾酒的调制技法、主要设备、用具与遵循原则。
(3)熟悉鸡尾酒的文化与世界流行的鸡尾酒。
(4)掌握冷餐酒会和鸡尾酒酒会的服务程序。

实训时间

2 学时。

实训准备

实训场地准备：酒吧实训室。

实训用品准备：各种鸡尾酒酒杯、托盘、长匙、摇酒器、冰锥、搅拌棒、量酒杯、螺丝开瓶器、榨汁器、冰桶、过滤器(隔冰器)、瓶嘴(倒酒嘴)、冰铲、酒签、各种鸡尾酒、抹布。

仪容仪表准备：到课人员须身着白衬衣，系黑领结，穿深色裤子(女士穿深色裙子)。制服应及时换洗，始终保持清洁平整。女服务员首饰应当从简，指甲修短，化淡妆，切忌浓妆。

相关知识

知识点一：鸡尾酒的名称由来及鸡尾酒的喝法

鸡尾酒，起源于美洲，时间大约是18世纪末或19世纪初期。关于鸡尾酒名称的由来，还有一个有趣的传说。

一天晚上，某酒店生意火暴，各种酒品销售一空。正当快要关门时又来了一位酒客。为了不放过任何一个赚钱的机会，也是为了不让顾客扫兴，老板进入操作间，偷偷将几种其他客人用过的杯中剩酒，慌乱地倒入一个杯子里，并顺手拔了一根鸡尾把酒搅和几下后，便给客人传上桌去，不想，却收到了意外的效果，客人连称"好酒，好酒！"以后，这便成了一种调酒方法，被称为"鸡尾酒"。

鸡尾酒的分类：

从18世纪"鸡尾酒"诞生以来，已有200余年，可以说它颠倒众生的魅力至今不减，但是，在其鲜艳亮丽的外形之下，鸡尾酒其实也是一种非常具有个性的饮料。比如，它非常注重杯具，饮用的时间也有区别，新配方可以独创，但名酒一定要"遵古仿制"才能道地。

简单来说，鸡尾酒可大致分为两种：

(1)直接饮料(Straight Drinks)

使用单一材料，经过加工，以原味呈现。

(2)混合饮料(Mix Drinks)

混合多种材料调制，口味繁多，风格千变万化。

细说，鸡尾酒又可依其酒精成分、饮用时间、冷热口味分成如下数类：

(1)短饮料(Short Drinks)

需要在短时间内饮尽，酒量约60ml，3～4口喝完，不加冰，10～20分钟内不变味。其酒精浓度较高，适合餐前饮用。

(2)长饮料(Long Drinks)

放30分钟也不会影响风味的鸡尾酒，加冰，用高脚杯，适合餐时或餐后饮用。

(3)硬性饮料(Alcohol Drinks)

含酒精成分较高的鸡尾酒属之。

(4)软性饮料(Non－Alcohol Drinks)

不含酒精或只加少许酒的柠檬汁、柳橙汁等调制的饮料。

(5)冷饮料(Cold Drinks)

温度控制在5℃～6℃之间的鸡尾酒。

(6)热饮料(Hot Drinks)

热饮料温度一般控制在60℃～80℃之间，其中，以热威士忌(Hot Whisky)最具代表性。此外，鸡尾酒的味道可分为5种，即：甘、辛、中甘、中辛、酸。饮酒的时段则分为：餐前、餐后和全天。

知识点二：不同鸡尾酒的配套杯具

长匙(Bar Spoon)

长匙，系搅拌鸡尾酒的工具，通常一端为叉状，可用于叉柠檬片及樱桃；一端为匙状，可搅拌混合酒或捣碎配料。长匙的作用计量，相当于一茶匙。

不同鸡尾酒杯具大全套

长匙(Bar Spoon)

摇酒器(Shaker)

摇酒器,是用来调和不易混合均匀的鸡尾酒材料的工具。摇酒器有两种:一种,称波士顿摇酒器,为两件式,下方为玻璃摇酒杯,上方为不锈钢盖,使用时上下一合即可。另一种,标型摇酒器则为三件式,除下座和中间的隔冰器外,再加一上盖,用时一定要先盖隔冰器,再加上盖,以免液体外溢。使用原则,首先放冰块,然后再放入其他配料,摇荡时间以 20 秒为宜,否则冰块开始融化,将会稀释酒的风味。用后立即打开清洗。

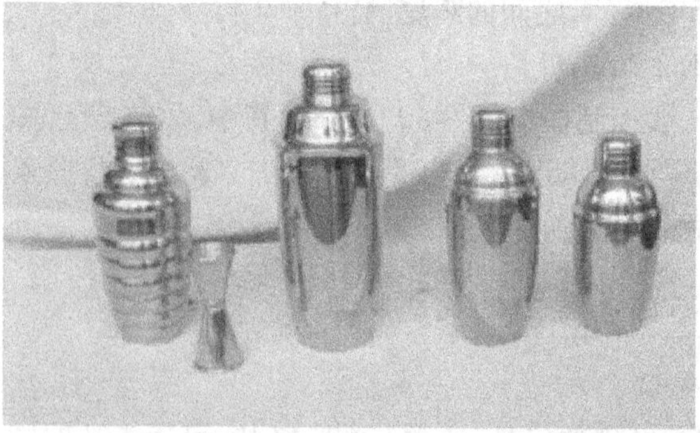

摇酒器(Shaker)

冰锥,系敲打冰块的工具。

搅拌棒(Muddler)

搅拌棒有多种样式,通常搭配调酒杯使用。小一点的给饮用者使用,兼具装饰作用。棒的一端为球根状,是用来捣碎饮料中的糖台薄荷。

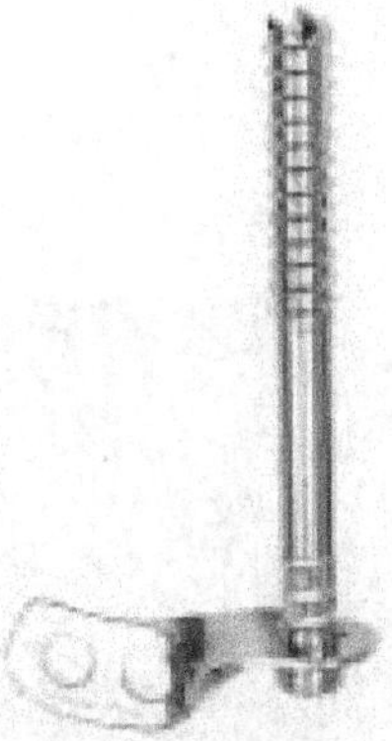

冰锥(IcePicr)

搅拌棒(Muddler)

量酒器(Measure Cup)

一个量酒器两头的容量分别为1/2盎司和1盎司者,最为常用。

量酒器 Measure Cup (Double Jigge)

螺丝开瓶器(Cor Rscrew)

葡萄酒的开瓶器,通常带有锋利的小刀,以便顺利割开酒的铅封;螺旋起的部分,则长短粗细适中是重要考量。

榨汁器(Squeezer)

榨汁器,是挤柠檬汁的器具,调酒必备的配备,没有特定形式,只要操作方便、取汁容易即可。如果用量大时,可预先挤好果汁,原则上不宜搁置太久,以保新鲜度。

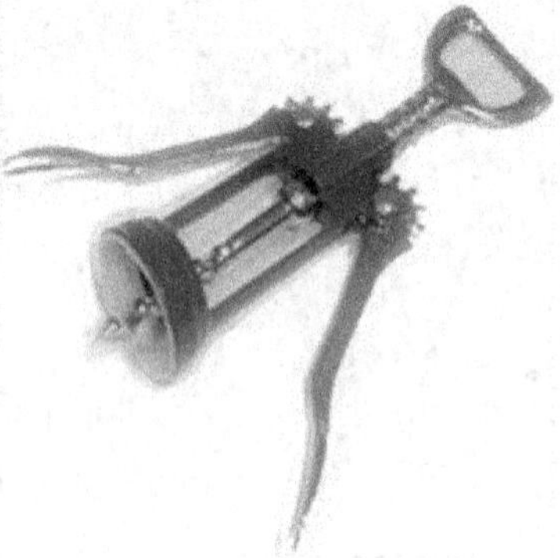

螺丝开瓶器(Cor Rscrew)

榨汁器(Squeezer)

冰桶(Ice Buc Ket)

用冰桶盛冰可减缓冰块融化的速度。

过滤器(隔冰器)(Strainer)

过滤器常与调酒杯搭配使用。过滤器内设置有一圈螺旋形钢丝,可适用于各种尺寸的调酒杯,倒饮料时防止冰块或柠檬子滑入杯内。

冰桶(Ice Buc Ket)

过滤器(Strainer)

瓶嘴(倒酒嘴)(Pourer)

瓶嘴,是套在开瓶后的瓶口上,以便控制酒流量的工具。

冰铲(Scoop)

冰铲,用来盛碎冰或裂冰。

瓶嘴(Pourer)

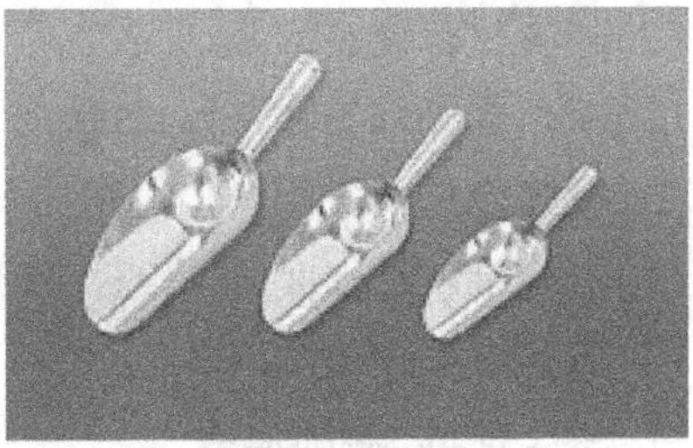

冰铲(Scoop)

酒签(Cocktail Pin)

酒签,小巧精致,是一种用来穿插樱桃、橄榄等瓜果,点缀鸡尾酒的备用工具。

酒签(Cocktail Pin)

实训内容

操作程序

(1)练习倒酒转瓶。

(2)练习把各种酒水倒入盎司杯。

(3)认识各种调制鸡尾酒的工具及装饰。

课堂组织

一、班前会(根据学生人数分成若干小组)

(1)上课铃响,集合、点到。

(2)检查仪容仪表。

(3)模拟领班或主管发言:总结前一天工作情况,安排今天工作。

二、教师示范

(1)教师讲解实训课教学内容、教学目的。

(2)教师讲解相关知识。

三、学生训练、教师巡查

(一)基本训练

按照两人一组,分别扮演客人和酒吧服务员进行鸡尾酒酒水知识介绍。

(二)应变训练

(1)将学生一分为二,分别扮演酒吧服务员和客人:要求模拟客人的学生在模拟过程中,尽量想出各种合理的特殊要求,请模拟酒吧服务员的同学应答。

(2)将两组学生模拟的角色变换后,再进行一次练习。

四、实训总结

(一)由教师讲解操作要点

(1)服务要注意微笑的表情。

(2)语言要简练。

(3)酒吧服务员在服务过程中要有主动性。

A. 主动推销鸡尾酒。

B. 通过提问主动问讯客人所需鸡尾酒。

(二)教师根据学生实训情况进行总结表扬

(1)回答学生提问。

(2)针对实习情况进行总结表扬。

实训考核

一、基础知识部分

1. 内容

(1)说出鸡尾酒的特点。

(2)列举鸡尾酒的饮用习惯。

2. 方式

笔试加口头表述。

二、饮用和服务标准部分

1. 内容

简述鸡尾酒的饮用和服务标准。

2. 方式

实验室操作。

3. 鸡尾酒调制考核标准

鸡尾酒酒名：	
考核项目和要求细则	1. 整体造型要符合要求 2. 载杯要正确
技能评分标准	能够快速说出每种调酒用具

第二单元

调酒员实训教程

实训项目一：点单工作的训练

实训目的

(1)掌握点单工作的程序。

(2)熟悉各种酒水与菜肴的搭配，能为客人推荐出适合其饮用的酒水。

实训时间

2 学时。

实训准备

实训场地准备：酒吧实训室。

实训用品准备：桌椅、酒单、各种酒水、托盘等。

仪容仪表准备：到课人员须身着白衬衣，系黑领结，穿深色裤子(女士穿深色裙子)。制服应及时换洗，始终保持清洁平整。女服务员首饰应当从简，指甲修短，化淡妆，切忌浓妆。

相关知识

知识点一：引领服务

(1) 客人来到酒吧门口，迎宾员应主动上前微笑问候，问清人数后引入酒吧。

(2) 如是一位客人可引领至吧台前的吧椅上。

(3) 如是两位以上的客人，可引领到小圆(方)桌。

(4) 如是需要等人的客人，则可引领至能看到门口的小圆(方)桌。

(5) 引领时应遵从客人的意愿和喜好，不可强行安排座位。

(6) 拉椅让座，待客人入座后递上打开的酒单，并对客人说请看酒单。

(7) 迎宾员、酒吧服务员或调酒员交接后返回引领区域，记录引领客人的人数。

知识点二：点酒服务

（1）递上酒单稍候片刻后，酒吧服务员或调酒师应询问客人喝点什么。

（2）向客人介绍酒水品种，并回答客人有关提问。

（3）接受客人点单时，身体微前倾，认真记录下客人所点的酒水、饮料名及分量。点酒完毕，应复述一遍以获客人确认。

（4）记住每位客人各自所点酒水，以免送酒时混淆。

（5）点酒单一式三联，一联留底，其余二联及时分送吧台和收款台。

（6）坐在吧台前的客人，可由调酒师负责点酒（也应填写点酒单）。

实训内容

操作程序

（1）先问候客人，如，“晚上好，先生（小姐）”等。

（2）从客人的右侧递送酒单，先将酒单送给女士，再给男士，每人一份。离开顾客3～5分钟后，待顾客看过酒单，再为顾客点酒水。

（3）为顾客点酒水时，应具体介绍酒水的名称、商标及特点，留意客人的反应。如果客人不喜欢某个种类，立即介绍其他类别。

（4）在餐厅中，应根据顾客酒水搭配习惯为客人点酒。如，白葡萄酒、开胃鸡尾酒、味美思及苦味酒、茴香酒常作为餐前酒。根据市场统计，目前，白葡萄酒作为餐前酒较为流行。白葡萄酒、玫瑰红葡萄酒、红葡萄酒和香槟酒，习惯上作为佐餐酒。白葡萄酒习惯配海鲜和白色肉类菜肴。如，鸡肉、火鸡肉、鱼肉等。红葡萄酒习惯上配牛肉、羊肉、猪肉和意大利面条等红色菜肴。玫瑰红葡萄酒和香槟酒可配任何菜肴。干型雪利酒，习惯上作为餐前酒及佐餐开胃酒。甜型雪利酒、波特酒、马德拉酒、玛萨拉酒，习惯上作为佐点心和甜菜用酒。利口酒、烈性酒及餐后鸡尾酒，习惯上在餐后饮用。清淡的葡萄酒，习惯上配清淡的菜肴。浓味的葡萄酒，习惯上配浓味的菜肴。啤酒，可根据客人的需求搭配任何菜肴。客人永远是对的，根据客人的饮用习惯和需求为客人点酒水。酒水与菜肴搭配只是一般人的习惯，不是唯一的标准。因此，不要强迫客人点某种酒水。

（5）记录客人所点的（购买的）酒水并不断重复。将一式三联的酒水单，第一联交与收银员作为结账凭证；第二联经收银员盖章交与调酒师，凭此单取酒；第三联作为服务员服务指南。小型酒吧调酒师兼任收银员。

（6）客人点酒后，服务员在离开餐桌前应感谢客人，说礼貌用语：“谢谢您，先生（小姐），我尽快把酒（饮料）给您送过来。”如果知道客人的姓氏，应当说出，以示对客人的尊敬和关心。

课堂组织

一、班前会(根据学生人数分成若干小组)

(1)上课铃响,集合、点到。

(2)检查仪容仪表。

(3)模拟领班或主管发言:总结前一天工作情况,安排今天工作。

二、教师示范

(1)教师讲解实训课教学内容、教学目的。

(2)教师讲解相关知识。

(3)教师简单讲解操作程序及要点。

(4)由教师模拟酒吧服务员,抽选一名学生模拟客人,进行一次服务示范。

三、学生训练、教师巡查

(一)基本训练

(1)按照两人一组,使用道具及正式表格,分别扮演客人和酒吧服务员进行操作技能训练。

(2)模拟客人和酒吧服务员的学生交换角色,使用道具及正式表格,进行请客点单的操作技能训练。

(二)应变训练

(1)将学生一分为二,分别扮演酒吧服务员和客人:要求模拟客人的学生,在模拟过程中尽量想出各种合理的特殊要求,请模拟酒吧服务员的同学应答。

(2)将两组学生模拟的角色变换后,再进行一次练习。

四、实训总结

(一)由教师讲解操作要点

(1)服务要注意微笑的表情。

(2)填酒水单的时候字迹要清晰。

(3)语言要简练。

(4)酒吧服务员在服务过程中要有主动性。

A:主动推销酒水。

B:通过提问主动了解客人所需酒水。

(二)教师根据学生实训情况进行总结表扬

(1)回答学生提问。

(2)针对实习情况进行总结表扬。

实训考核

实训考核表

检查项目和内容	实际得分			
	优	良	合格	不合格
1. 微笑问候				
2. 酒水单的填写				
3. 酒水与菜肴的搭配				

实训项目二：兑和法调酒训练

实训目的

(1)了解兑和法的概念。

(2)掌握兑和法常用酒水配方。能用兑和法调制出2~3款酒水。

实训时间

2学时。

实训准备

实训场地准备：酒吧实训室。

实训用品准备：酒杯、量杯、夹冰器。

仪容仪表准备：到课人员须身着白衬衣，系黑领结，穿深色裤子（女士穿深色裙子）。制服应及时换洗，始终保持清洁平整。女服务员首饰应当从简，指甲修短，化淡妆，切忌浓妆。

相关知识

知识点一：兑和法的概念

兑和法，是把材料直接注入酒杯的一种鸡尾酒调制方法。做法非常简单，只要材料分量控制得好即可。

知识点二：如何倒酒能不倾洒

服务员往杯子里或者摇壶里倒入酒后，持瓶的手要按顺时针方向旋转一下，收回酒瓶时，左手用干净的布巾擦拭一下瓶口，防止最后一滴酒洒落在桌上或客人的衣服上。

实训内容

操作程序

将材料以量杯量出正确分量后，倒入酒杯中，用冰夹夹取冰块放入酒杯中，最后，倒入其他配料至满杯即可。

课堂组织

一、班前会（根据学生人数分成若干小组）

（1）上课铃响，集合、点到。

（2）检查仪容仪表。

（3）模拟领班或主管发言：总结前一天工作情况，安排今天工作。

二、教师示范

（1）教师讲解实训课教学内容、教学目的。

（2）教师讲解相关知识。

（3）教师简单讲解操作程序及要点。

三、学生训练、教师巡查

（1）每人拿一套用具，进行兑和法的基本训练。

（2）请学生分别模拟调酒员，使用道具，进行兑和法的操作技能训练。

四、实训总结

（一）由教师讲解操作要点

（1）服务要注意微笑的表情。

（2）兑和酒水的时候手法要稳。

（3）调酒时的动作要潇洒熟练。

（二）教师根据学生实训情况进行总结表扬

（1）回答学生提问。

（2）针对实习情况进行总结表扬。

实训考核

实训考核表

检查项目和内容	实际得分			
	优	良	合格	不合格
1. 加入冰块				
2. 转瓶的方法				
3. 兑和法服务的程序				

实训项目三:调制甜曼哈顿酒训练

实训目的

通过调制甜曼哈顿酒的实训,学习如何调制此酒,掌握此款酒的服务程序及要领。

实训时间

2 学时。

实训准备

实训场地准备:酒吧实训室。

实训用品准备:酒杯、量杯、夹冰器、鸡尾酒杯。

仪容仪表准备:到课人员须身着白衬衣,系黑领结,穿深色裤子(女士穿深色裙子)。制服应及时换洗,始终保持清洁平整。女服务员首饰应当从简,指甲修短,化淡妆,切忌浓妆。

相关知识

知识点一:甜曼哈顿酒的配方

原料:1.5 盎司威士忌。

0.5 盎司味美思。

2 ~3 滴苦精。

装饰:红樱桃。

知识点二:制作甜曼哈顿酒的难点

苦精溜杯的时候要注意使苦精均匀地在杯中滚动;苦精的用量不能太多。

实训内容

方法:先将各种材料倒入苦精溜杯中,用兑和法调制而成。
装饰:红樱桃。
口味:苦涩、发热,有辛辣感,酒味比较浓。

操作程序

问询客人的需要→拿出杯子→拿出相应酒水→用2~3滴苦精溜杯→将0.5盎司的味美思酒倒入杯中→将1.5盎司的威士忌倒入杯中→在杯边插上一颗红樱桃→将调制好的酒水递给客人。

课堂组织

一、班前会(根据学生人数分成若干小组)

(1)上课铃响,集合、点到。

(2)检查仪容仪表。

(3)模拟领班或主管发言:总结前一天工作情况,安排今天工作。

二、教师示范

(1)教师讲解实训课教学内容、教学目的。

(2)教师讲解相关知识。

(3)教师简单讲解操作程序及要点。

(4)由教师模拟酒吧调酒员,抽选一名学生模拟客人,进行一次服务示范。

三、学生训练、教师巡查

(一)基本训练

(1)按照操作规范,进行此款酒的操作技能训练。

(2)模拟客人和调酒员的学生交换角色,使用道具进行操作技能训练。

(二)应变训练

(1)将学生一分为二,分别模拟调酒员和客人:要求模拟客人的学生在模拟过程中,尽量想出各种合理的特殊要求,请模拟酒吧调酒员的同学应答。

(2)将两组学生模拟的角色变换后,再进行一次练习。

四、实训总结

（一）由教师讲解操作要点

（1）服务要注意程序问题。

（2）苦精溜杯的要点。

（3）调酒员在服务过程中要注意卫生问题。

（二）教师根据学生实训情况进行总结表扬

（1）回答学生提问。

（2）针对实习情况进行总结表扬。

实训考核

实训考核表

检查项目和内容	实际得分			
	优	良	合格	不合格
1. 微笑问候				
2. 苦精溜杯				
3. 倒酒的方法				
4. 装饰物				

实训项目四：调制金色诱惑训练

实训目的

通过调制金色诱惑的实训，学习如何调制此酒，掌握此款酒的服务程序及要领。

实训时间

2 学时。

实训准备

实训场地准备：酒吧实训室。

实训用品准备：酒杯、量杯、夹冰器、鸡尾酒杯。

仪容仪表准备：到课人员须身着白衬衣，系黑领结，穿深色裤子（女士穿深色裙子）。制服应及时换洗，始终保持清洁平整。女服务员首饰应当从简，指甲修短，化淡妆，切忌浓妆。

相关知识

知识点一：金色诱惑酒的配方

（1）七成加里安奴。

（2）二成白兰地。

知识点二：制作此款酒的难点

点燃白兰地的时候要注意打火的时机及分层的技巧。

实训内容

金色诱惑

杯体:彩虹杯。
方法:兑和法。
装饰:点燃上层的白兰地。
口味:酸辣。

操作程序

问询客人的需要→拿出杯子→拿出相应酒水→往彩虹杯里倒入七成加里安奴酒→再倒入二成的白兰地→点燃上层白兰地→将调制好的酒水递给客人。

课堂组织

一、班前会(根据学生人数分成若干小组)

(1)上课铃响,集合、点到。
(2)检查仪容仪表。
(3)模拟领班或主管发言:总结前一天工作情况,安排今天工作。

二、教师示范

(1)教师讲解实训课教学内容、教学目的。
(2)教师讲解相关知识。
(3)教师简单讲解操作程序及要点。
(4)由教师模拟酒吧调酒员,抽选一名学生模拟客人,进行一次服务示范。

三、学生训练、教师巡查

(一)基本训练
(1)按照操作规范,进行此款酒的操作技能训练。
(2)模拟客人和调酒员的学生交换角色,使用道具进行操作技能训练。
(二)应变训练
(1)将学生一分为二,分别模拟调酒员和客人:要求模拟客人的学生,在模拟过程中尽量想出各种合理的特殊要求,请模拟酒吧调酒员的同学应答。
(2)将两组学生模拟的角色变换后,再进行一次练习。

四、实训总结

(一)由教师讲解操作要点
(1)服务要注意程序问题。
(2)点燃白兰地的要点。
(3)调酒员在服务过程中要注意卫生问题。

（二）教师根据学生实训情况进行总结表扬

（1）回答学生提问。

（2）针对实习情况进行总结表扬。

实训考核

实训考核表

检查项目和内容	实际得分			
	优	良	合格	不合格
1. 微笑问候				
2. 倒入加里安奴				
3. 倒入白兰地				
4. 点燃上层白兰地				

实训项目五:调制金汤力训练

实训目的

通过调制金汤力的实训,学习如何调制此酒,掌握此款酒的服务程序及要领。

实训时间

2 学时。

实训准备

实训场地准备:酒吧实训室。

实训用品准备:酒杯、量杯、夹冰器、鸡尾酒杯。

仪容仪表准备:到课人员须身着白衬衣,系黑领结,穿深色裤子(女士穿深色裙子)。制服应及时换洗,始终保持清洁平整。女服务员首饰应当从简,指甲修短,化淡妆,切忌浓妆。

相关知识

知识点一:金汤力酒的配方

材料:1 盎司金酒、1 听汤力杯。

用具:水杯。

知识点二:制作金汤力酒的难点

加入汤力水的时候,要将酒水倒得泡沫丰富。

实训内容

金汤力(Gin Tonic)

方法:先量取1盎司金酒倒入水杯中,上面加入汤力水至八成满。

特色:口感舒适、配方简单,适合女士饮用。

操作程序

问询客人的需要→拿出杯子→拿出相应酒水→往杯里倒入1盎司金酒→再倒入八成满的汤力水→青柠角挤汁投入杯中→将调制好的酒水递给客人。

课堂组织

一、班前会(根据学生人数分成若干小组)

(1)上课铃响,集合、点到。

(2)检查仪容仪表。

(3)模拟领班或主管发言:总结前一天工作情况,安排今天工作。

二、教师示范

(1)教师讲解实训课教学内容、教学目的。

(2)教师讲解相关知识。

(3)教师简单讲解操作程序及要点。

(4)由教师模拟酒吧调酒员,抽选一名学生模拟客人,进行一次服务示范。

三、学生训练、教师巡查

(一)基本训练

(1)按照操作规范,进行此款酒的操作技能训练。

(2)模拟客人和调酒员的学生交换角色,使用道具进行操作技能训练。

(二)应变训练

(1)将学生一分为二,分别模拟调酒员和客人:要求模拟客人的学生,在模拟过程中尽量想出各种合理的特殊要求,请模拟酒吧调酒员的同学应答。

(2)将两组学生模拟的角色变换后,再进行一次练习。

四、实训总结

(一)由教师讲解操作要点

(1)服务要注意程序问题。

(2)调酒员在服务过程中要注意卫生问题。

(二)教师根据学生实训情况进行总结表扬

(1)回答学生提问。

(2)针对实习情况进行总结表扬。

实训考核

实训考核表

检查项目和内容	实际得分			
	优	良	合格	不合格
1. 微笑问候				
2. 倒入金酒				
3. 倒入汤力水				
4. 插入吸管				

实训项目六:调制血腥玛丽训练

实训目的

通过调制血腥玛丽的实训,学习如何调制此酒,掌握此款酒的服务程序及要领。

实训时间

2 课时。

实训准备

实训场地准备:酒吧实训室。

实训用品准备:酒杯、量杯、夹冰器、鸡尾酒杯。

仪容仪表准备:到课人员须身着白衬衣,系黑领结,穿深色裤子(女士穿深色裙子)。制服应及时换洗,始终保持清洁平整。女服务员首饰应当从简,指甲修短,化淡妆,切忌浓妆。

相关知识

知识点一:血腥玛丽酒的配方

(1)伏特加酒:1 量杯 。

(2)番茄汁:3 量杯 。

(3)辣椒油:2 毫升或胡椒粉少许。

(4)李派林汁:6 毫升。

知识点二:制作此款酒的难点

在杯子口粘糖边要注意粘得均匀。

实训内容

血腥玛丽(Bloody Mary)

调制方法:兑和法。先用柠檬头擦拭老式杯的杯口,然后倒扣杯子在撒满糖的盘里轻轻转动,使杯口均匀地涂上一圈边。然后,放4块冰在杯中,用量杯量入基酒、辅料,撒上胡椒粉,用西芹茎与柠檬片挂杯装饰。

酒杯:老式杯。

特色:色泽清爽、口感清淡(深受欢迎)。

操作程序

问询客人的需要→拿出杯子→拿出相应酒水→用柠檬头擦拭老式杯的杯口→将杯子倒扣到撒满糖的盘子上轻轻转动→放入几块冰块→往老式杯里倒入1盎司的伏特加→倒入3盎司的番茄汁→再倒入李派林汁6毫升→撒上胡椒粉→用西芹茎与柠檬片挂杯装饰→将调制好的酒水递给客人。

课堂组织

一、班前会(根据学生人数分成若干小组)

(1)上课铃响,集合、点到。

(2)检查仪容仪表。

(3)模拟领班或主管发言:总结前一天工作情况,安排今天工作。

二、教师示范

(1)教师讲解实训课教学内容、教学目的。

(2)教师讲解相关知识。

(3)教师简单讲解操作程序及要点。

(4)由教师模拟酒吧调酒员,抽选一名学生模拟客人,进行一次服务示范。

三、学生训练、教师巡查

(一)基本训练

(1)按照操作规范,进行此款酒的操作技能训练。

(2)模拟客人和调酒员的学生交换角色,使用道具进行操作技能训练。

(二)应变训练

(1)将学生一分为二,分别模拟调酒员和客人:要求模拟客人的学生,在模拟过程中尽量想出各种合理的特殊要求,请模拟酒吧调酒员的同学应答。

(2)将两组学生模拟的角色变换后,再进行一次练习。

四、实训总结

(一)由教师讲解操作要点

(1)服务须注意程序问题。

(2)粘糖边的要点。

(3)调酒员在服务过程中要注意卫生问题。

(二)教师根据学生实训情况进行总结表扬

(1)回答学生提问。

(2)针对实习情况进行总结表扬。

实训考核

实训考核表

检查项目和内容	实际得分			
	优	良	合格	不合格
1. 微笑问候				
2. 粘糖边				
3. 倒入伏特加				
4. 倒入番茄汁				
5. 倒入李派林汁				
6. 撒上胡椒粉				
7. 装饰物				

实训项目七：搅拌调和法调酒训练

实训目的

(1)了解搅拌调和法的概念。

(2)掌握搅拌调和法常用酒水配方。能用搅拌调和法调制出 2～3 款酒水。

实训时间

2 学时。

实训准备

实训场地准备：酒吧实训室。

实训用品准备：酒杯、夹冰器、调酒杯、调酒匙、量杯、隔冰器。

仪容仪表准备：到课人员须身着白衬衣，系黑领结，穿深色裤子(女士穿深色裙子)。制服应及时换洗，始终保持清洁平整。女服务员首饰应当从简，指甲修短，化淡妆，切忌浓妆。

相关知识

知识点一：搅拌调和法的概念

搅拌调和法，是将材料倒入调酒杯中，用调酒匙充分搅拌的一种调酒法，常用于调制烈性加味酒。例如，马丁尼、曼哈顿等酒味较辛辣，后劲较强的鸡尾酒。

知识点二：吧匙的使用方法

在调酒杯中，用调酒匙前后来回搅三次，再正转两圈倒转两圈即可。

实训内容

操作程序

将材料以量杯量出正确分量后，倒入调酒杯中，用冰夹夹取冰块，放入调酒杯中。将调酒匙放入调酒杯中，前后来回搅三次，再正转两圈倒转两圈即可。

课堂组织

一、班前会（根据学生人数分成若干小组）

(1)上课铃响，集合、点到。

(2)检查仪容仪表。

(3)模拟领班或主管发言：总结前一天工作情况，安排今天工作。

二、教师示范

(1)教师讲解实训课教学内容、教学目的。

(2)教师讲解相关知识。

(3)教师简单讲解操作程序及要点。

(4)由教师模拟酒吧调酒员，抽选一名学生模拟客人，进行一次服务示范。

三、学生训练、教师巡查

(一)基本训练

(1)按照操作规范，进行此款酒的操作技能训练。

(2)模拟客人和调酒员的学生交换角色，使用道具进行操作技能训练。

(二)应变训练

(1)将学生一分为二，分别模拟调酒员和客人：要求模拟客人的学生，在模拟过程中尽量想出各种合理的特殊要求，请模拟酒吧调酒员的同学应答。

(2)将两组学生模拟的角色变换后，再进行一次练习。

四、实训总结

(一)由教师讲解操作要点

(1)服务要注意程序问题。

(2)调酒员在服务过程中要注意卫生问题。

(二)教师根据学生实训情况进行总结表扬

(1)回答学生提问。

(2)针对实习情况进行总结表扬。

实训考核

实训考核表

检查项目和内容	实际得分			
	优	良	合格	不合格
1. 拿酒杯				
2. 取冰块				
3. 倒酒水				
4. 吧匙搅拌				

实训项目八:调制长岛冰茶的调酒训练

实训目的

通过调制长岛冰茶的实训,学习如何调制此酒,掌握长岛冰茶的服务程序及要领。

实训时间

2 学时。

实训准备

实训场地准备:酒吧实训室。

实训用品准备:酒杯、量杯、夹冰器、吧匙、调酒杯。

仪容仪表准备:到课人员须身着白衬衣,系黑领结,穿深色裤子(女士穿深色裙子)。制服应及时换洗,始终保持清洁平整。女服务员首饰应当从简,指甲修短,化淡妆,切忌浓妆。

相关知识

知识点一:酒的配方

材料:0.5 盎司伏特加、0.5 盎司朗姆酒、0.5 盎司特吉拉、0.5 盎司威士忌、0.5 盎司金酒、0.5 盎司柠檬汁、冰块、可乐适量。

知识点二:调配此款酒的注意事项

将各种基酒加入搅拌之后再加入可乐。可乐是气泡型饮料,因此要在最后一步加入。

实训内容

操作程序

问询客人的需要→拿出杯子→拿出相应酒水→倒入伏特加、朗姆酒、特吉拉、威士忌、金酒、柠檬汁→用吧匙搅拌→加入可乐→插入吸管→将调制好的酒水递给客人。

课堂组织

一、班前会(根据学生人数分成若干小组)

(1)上课铃响,集合、点到。

(2)检查仪容仪表。

(3)模拟领班或主管发言:总结前一天工作情况,安排今天工作。

二、教师示范

(1)教师讲解实训课教学内容、教学目的。

(2)教师讲解相关知识。

(3)教师简单讲解操作程序及要点。

(4)由教师模拟酒吧调酒员,抽选一名学生模拟客人,进行一次服务示范。

三、学生训练、教师巡查

(一)基本训练

(1)按照操作规范,进行此款酒的操作技能训练。

(2)模拟客人和调酒员的学生交换角色,使用道具进行操作技能训练。

(二)应变训练

(1)将学生一分为二,分别模拟调酒员和客人:要求模拟客人的学生,在模拟过程中尽量想出各种合理的特殊要求,请模拟酒吧调酒员的同学应答。

(2)将两组学生模拟的角色变换后,再进行一次练习。

四、实训总结

(一)由教师讲解操作要点

(1)服务要注意程序问题。

(2)倒入基酒的顺序要注意。

(3)调酒员在服务过程中要注意卫生问题。

(二)教师根据学生实训情况进行总结表扬

(1)回答学生提问。

(2)针对实习情况进行总结表扬。

实训考核

实训考核表

检查项目和内容	实际得分			
	优	良	合格	不合格
1. 微笑问候				
2. 倒入金酒				
3. 倒入伏特加				
4. 倒入朗姆酒				
5. 倒入特吉拉				
6. 倒入威士忌				
7. 倒入柠檬汁				
8. 搅拌				
9. 加入可乐				
10. 装饰物				

实训项目九：调制彩虹酒的训练

实训目的

通过调制彩虹酒的实训，学习如何调制此酒，掌握此款酒的服务程序及要领。

实训时间

2 学时。

实训准备

实训场地准备：酒吧实训室。

实训用品准备：调酒杯、量杯、夹冰器、吧匙、酒杯。

仪容仪表准备：到课人员须身着白衬衣，系黑领结，穿深色裤子（女士穿深色裙子）。制服应及时换洗，始终保持清洁平整。女服务员首饰应当从简，指甲修短，化淡妆，切忌浓妆。

相关知识

知识点一：彩虹酒的配方

红石榴糖浆：5.6 毫升。
蓝橙甜酒：5.6 毫升。
加里安奴甜酒：5.6 毫升。
君度香橙酒：5.6 毫升。
白兰地：5.6 毫升。

知识点二:分层的手法控制

用吧匙紧贴杯内壁，将红石榴汁等依次沿吧匙轻轻倒入甜酒杯中,各层次之间不能互相混合。每层之间的分隔线要清楚,如同刀切状,无装饰。

实训内容

酒杯:甜酒杯。

问询客人的需要→拿出杯子→拿出相应酒水→倒入红糖浆→倒入蓝橙甜酒→倒入加里安奴→倒入君度香橙酒→倒入白兰地→将调制好的酒水递给客人。

课堂组织

一、班前会(根据学生人数分成若干小组)

(1)上课铃响,集合、点到。

(2)检查仪容仪表。

(3)模拟领班或主管发言:总结前一天工作情况,安排今天工作。

二、教师示范

(1)教师讲解实训课教学内容、教学目的。

(2)教师讲解相关知识。

(3)教师简单讲解操作程序及要点。

(4)由教师模拟酒吧调酒员,抽选一名学生模拟客人,进行一次服务示范。

三、学生训练、教师巡查

(一)基本训练

(1)按照操作规范,进行此款酒的操作技能训练。

(2)模拟客人和调酒员的学生交换角色,使用道具进行操作技能训练。

(二)应变训练

(1)将学生一分为二,分别模拟调酒员和客人:要求模拟客人的学生,在模拟过程中尽量想出各种合理的特殊要求,请模拟酒吧调酒员的同学应答。

(2)将两组学生模拟的角色变换后,再进行一次练习。

四、实训总结

(一)由教师讲解操作要点

(1)服务须注意程序问题。

(2)倒入酒水的时候分层要清晰,要按顺序倒入。

(3) 调酒员在服务过程中要注意卫生问题。

(二) 教师根据学生实训情况进行总结表扬

(1) 回答学生提问。

(2) 针对实习情况进行总结表扬。

实训考核

实训考核表

检查项目和内容	实际得分			
	优	良	合格	不合格
1. 微笑问候				
2. 倒入红糖浆				
3. 倒入蓝橙酒				
4. 倒入加里安奴				
5. 倒入君度香橙酒				
6. 倒入白兰地				

实训项目十:龙舌兰日出调酒训练

实训目的

通过调制龙舌兰日出的实训,学习如何调制此酒,掌握此款酒的服务程序及要领。

实训时间

2 学时。

实训准备

实训场地准备:酒吧实训室。

实训用品准备:调酒杯、量杯、夹冰器、吧匙、酒杯。

仪容仪表准备:到课人员须身着白衬衣,系黑领结,穿深色裤子(女士穿深色裙子)。制服应及时换洗,始终保持清洁平整。女服务员首饰应当从简,指甲修短,化淡妆,切忌浓妆。

相关知识

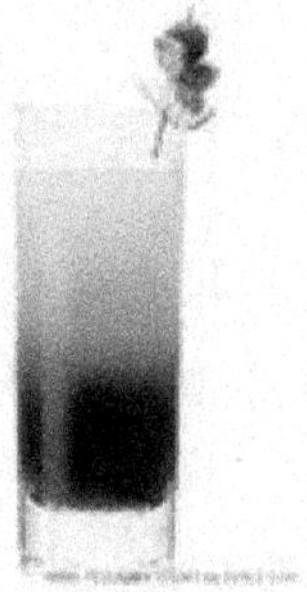

知识点一:龙舌兰日出酒的配方

德其拉烈酒:1 量杯。

红石榴汁:1/4 量杯。

橙汁:3 量杯。

知识点二:调制龙舌兰日出酒的注意事项

用吧匙搅拌均匀,最后才能倒入红石榴汁。

实训内容

先将4块冰块放入老式杯中，用量杯把德其拉烈酒和橙汁量入杯中，用吧匙搅拌均匀，最后倒入红石榴汁。不用搅拌，红石榴汁就会自动沉入杯底，有如日出时绚烂的一抹艳红。用红樱桃加橙片挂杯装饰。

问询客人的需要→拿出杯子→拿出相应酒水→加入特吉拉酒、橙汁→用吧匙搅拌均匀→倒入红石榴汁→用红樱桃加橙片装饰→将调制好的酒水递给客人。

课堂组织

一、班前会（根据学生人数分成若干小组）

（1）上课铃响，集合、点到。

（2）检查仪容仪表。

（3）模拟领班或主管发言：总结前一天工作情况，安排今天工作。

二、教师示范

（1）教师讲解实训课教学内容、教学目的。

（2）教师讲解相关知识。

（3）教师简单讲解操作程序及要点。

（4）由教师模拟酒吧调酒员，抽选一名学生模拟客人，进行一次服务示范。

三、学生训练、教师巡查

（一）基本训练

（1）按照操作规范，进行此款酒的操作技能训练。

（2）模拟客人和调酒员的学生交换角色，使用道具进行操作技能训练。

（二）应变训练

（1）将学生一分为二，分别模拟调酒员和客人：要求模拟客人的学生，在模拟过程中尽量想出各种合理的特殊要求，请模拟酒吧调酒员的同学应答。

（2）将两组学生模拟的角色变换后，再进行一次练习。

四、实训总结

（一）由教师讲解操作要点

（1）服务要注意程序问题。

（2）倒入酒水的时候分层要清晰、要按顺序倒入。

（3）调酒员在服务过程中要注意卫生问题。

（二）教师根据学生实训情况进行总结表扬

（1）回答学生提问。

（2）针对实习情况进行总结表扬。

实训考核

实训考核表

检查项目和内容	实际得分			
	优	良	合格	不合格
1. 加入冰块				
2. 倒入特吉拉酒				
3. 倒入橙汁				
4. 吧匙搅拌				
5. 加入红石榴汁				
6. 装饰物				

实训项目十一：摇和法调酒训练

实训目的

(1)了解摇和法的概念。

(2)掌握摇和法常用酒水配方。能用摇和法调制出2~3款酒水。

实训时间

2学时。

实训准备

实训场地准备：酒吧实训室。

实训用品准备：雪克壶、夹冰器、量杯、吧匙、酒杯。

仪容仪表准备：到课人员须身着白衬衣，系黑领结，穿深色裤子(女士穿深色裙子)。制服应及时换洗，始终保持清洁平整。女服务员首饰应当从简，指甲修短，化淡妆，切忌浓妆。

相关知识

知识点一：摇和法的概念

调制鸡尾酒最普遍而简易的方法，是将酒类材料及配料、冰块等放入雪克壶内，用劲来回摇动，使其充分混合。这样能去除酒的辛辣，使酒品温和、入口顺畅。

知识点二：单手摇和方法

将材料以量杯量出正确分量后，倒入打开的雪克壶中，用冰夹夹取冰块，放入雪克壶中。盖好雪克壶后，以右手大拇指抵住上盖，食指及小拇指夹住雪克壶，中指及无名指支撑雪克壶。摇动时速度快并有节奏感，摇荡出的声音才会好听。

知识点三：双手摇和方法

双手摇和步骤：将材料用量杯量出正确分量后，倒入打开的雪克壶中，用冰夹夹取冰块，放入雪克壶中。盖好雪克壶后，以右手大拇指抵住上盖，食指及小拇指夹住雪克壶，中指及无名指支撑雪克壶。左手无名指及中指托住雪克壶底部，食指及小指夹住雪克壶，大拇指压住过滤盖。双手握紧雪克壶，手背抬高至肩膀，再用手腕来回甩动，摇荡时速度要快，来回甩动约 10 次，再以水平方式前后来回摇动约 10 次即可。

实训内容

操作程序

器材：雪克壶、量杯、酒杯、隔冰器。

要诀：摇动时速度快并有节奏感，摇荡出的声音才会好听。

课堂组织

一、班前会（根据学生人数分成若干小组）

（1）上课铃响，集合、点到。

（2）检查仪容仪表。

（3）模拟领班或主管发言：总结前一天工作情况，安排今天工作。

二、教师示范

（1）教师讲解实训课教学内容、教学目的。

（2）教师讲解相关知识。

（3）教师简单讲解操作程序及要点。

（4）由教师模拟酒吧调酒员，抽选一名学生模拟客人，进行一次服务示范。

三、学生训练、教师巡查

（一）基本训练

（1）按照操作规范，进行此款酒的操作技能训练。

（2）模拟客人和调酒员的学生交换角色，使用道具进行操作技能训练。

（二）应变训练

（1）将学生一分为二，分别模拟调酒员和客人：要求模拟客人的学生，在模拟过程中尽量想出各种合理的特殊要求，请模拟酒吧调酒员的同学应答。

（2）将两组学生模拟的角色变换后，再进行一次练习。

四、实训总结

(一)由教师讲解操作要点

(1)服务要注意程序问题。

(2)调酒员在服务过程中要注意卫生问题。

(二)教师根据学生实训情况进行总结表扬

(1)回答学生提问。

(2)针对实习情况进行总结表扬。

实训考核

实训考核表

检查项目和内容	实际得分			
	优	良	合格	不合格
1. 单手摇和法				
2. 双手摇和法				

实训项目十二：调制海水正蓝鸡尾酒训练

实训目的

通过调制海水正蓝的实训，学习如何调制此酒，掌握海水正蓝鸡尾酒的服务程序及要领。

实训时间

2学时。

实训准备

实训场地准备：酒吧实训室。

实训用品准备：酒杯、量杯、夹冰器、摇酒器。

仪容仪表准备：到课人员须身着白衬衣，系黑领结，穿深色裤子（女士穿深色裙子）。制服应及时换洗，始终保持清洁平整。女服务员首饰应当从简，指甲修短，化淡妆，切忌浓妆。

相关知识

知识点一：酒的配方

金酒：1 盎司。

青柠檬汁：1/2 盎司。

糖浆：1/4 盎司。

蓝橙甜酒：1/4 盎司。

知识点二：调配此款酒的注意事项

冰块必须要过滤。

实训内容

在摇酒器中加入冰块，将金酒、青柠檬汁、糖浆、蓝橙甜酒按配方加入其中并摇匀，过滤冰块，将酒水倒入已加入冰块的柯林杯中，兑八成满的汤力水，用柠檬片挂杯装饰，加入搅拌的吸管。

操作程序

问询客人的需要→拿出杯子→拿出相应酒水→拿出摇酒壶→倒入金酒、青柠檬汁、糖浆、蓝橙甜酒→用摇和法把壶中酒摇匀→将酒水倒入加了冰块的杯中→兑满八成满的汤力水→用柠檬片挂杯装饰→将调制好的酒水递给客人。

课堂组织

一、班前会(根据学生人数分成若干小组)

(1)上课铃响，集合、点到。

(2)检查仪容仪表。

(3)模拟领班或主管发言：总结前一天工作情况，安排今天工作。

二、教师示范

(1)教师讲解实训课教学内容、教学目的。

(2)教师讲解相关知识。

(3)教师简单讲解操作程序及要点。

(4)由教师模拟酒吧调酒员，抽选一名学生模拟客人，进行一次服务示范。

三、学生训练、教师巡查

(一)基本训练

(1)按照操作规范，进行此款酒的操作技能训练。

(2)模拟客人和调酒员的学生交换角色，使用道具进行操作技能训练。

(二)应变训练

(1)将学生一分为二，分别模拟调酒员和客人：要求模拟客人的学生，在模拟过程中尽量想出各种合理的特殊要求，请模拟酒吧调酒员的同学应答。

(2)将两组学生模拟的角色变换后，再进行一次练习。

四、实训总结

(一)由教师讲解操作要点

(1)服务要注意程序问题。

(2)调酒员在服务过程中要注意卫生问题。

(二)教师根据学生实训情况进行总结表扬

(1)回答学生提问。

(2)针对实习情况进行总结表扬。

实训考核

实训考核表

检查项目和内容	实际得分			
	优	良	合格	不合格
1. 加入冰块				
2. 加入金酒				
3. 加入青柠檬汁				
4. 加入糖浆				
5. 加入蓝橙甜酒				
6. 加入汤力水				
7. 装饰物				

实训项目十三：调制红粉佳人鸡尾酒训练

实训目的

通过调制红粉佳人的实训，学习如何调制此酒，掌握红粉佳人鸡尾酒的服务程序及要领。

实训时间

2 学时。

实训准备

实训场地准备：酒吧实训室。

实训用品准备：酒杯、量杯、夹冰器、摇酒器。

仪容仪表准备：到课人员须身着白衬衣，系黑领结，穿深色裤子（女士穿深色裙子）。制服应及时换洗，始终保持清洁平整。女服务员首饰应当从简，指甲修短，化淡妆，切忌浓妆。

相关知识

知识点一：酒的配方

金酒：1 盎司。
青柠檬汁：1/2 盎司。
红石榴汁：1/6 盎司。
糖浆：1/4 盎司。
鸡蛋清：1/2 个。

知识点二：调配此款酒的注意事项

打入鸡蛋清的时候，要注意别把蛋黄也倒出来。

实训内容

调制方法:摇和法。先将冰块放入摇酒器中,用量杯将基酒辅料量入其中并摇匀,过滤冰块。把酒水倒入鸡尾酒杯中,用红樱桃挂杯装饰。

操作程序

问询客人的需要→拿出杯子→拿出相应酒水→倒入金酒、青柠檬汁、红石榴汁、糖浆、鸡蛋清半个→在摇壶里摇匀→用红樱桃挂杯装饰→将调制好的酒水递给客人。

课堂组织

一、班前会(根据学生人数分成若干小组)

(1)上课铃响,集合、点到。

(2)检查仪容仪表。

(3)模拟领班或主管发言:总结前一天工作情况,安排今天工作。

二、教师示范

(1)教师讲解实训课教学内容、教学目的。

(2)教师讲解相关知识。

(3)教师简单讲解操作程序及要点。

(4)由教师模拟酒吧调酒员,抽选一名学生模拟客人,进行一次服务示范。

三、学生训练、教师巡查

(一)基本训练

(1)按照操作规范,进行此款酒的操作技能训练。

(2)模拟客人和调酒员的学生交换角色,使用道具进行操作技能训练。

(二)应变训练

(1)将学生一分为二,分别模拟调酒员和客人:要求模拟客人的学生,在模拟过程中尽量想出各种合理的特殊要求,请模拟酒吧调酒员的同学应答。

(2)将两组学生模拟的角色变换后,再进行一次练习。

四、实训总结

(一)由教师讲解操作要点

(1)服务要注意程序问题。

(2)调酒员在服务过程中要注意卫生问题。

（二）教师根据学生实训情况进行总结表扬

（1）回答学生提问。

（2）针对实习情况进行总结表扬。

实训考核

实训考核表

检查项目和内容	实际得分			
	优	良	合格	不合格
1. 加入冰块				
2. 加入金酒				
3. 加入青柠檬汁				
4. 加入糖浆				
5. 加入红石榴汁				
6. 加入鸡蛋清半个				
7. 用双手摇和法摇匀				
8. 装饰物				

实训项目十四：调制富豪俱乐部鸡尾酒训练

实训目的

通过富豪俱乐部鸡尾酒的调制实训，学习如何调制富豪俱乐部鸡尾酒，掌握此款酒的服务程序及要领。

实训时间

2 学时。

实训准备

实训场地准备：酒吧实训室。

实训用品准备：酒杯、量杯、夹冰器、摇酒器。

仪容仪表准备：到课人员须身着白衬衣，系黑领结，穿深色裤子（女士穿深色裙子）。制服应及时换洗，始终保持清洁平整。女服务员首饰应当从简，指甲修短，化淡妆，切忌浓妆。

相关知识

知识点一：酒的配方

原料：金酒：1 盎司。

柠檬汁：0.25 盎司。

红糖水：0.5 盎司。

鸡蛋清：半个。

知识点二：调配此款酒的注意事项

冰块必须要过滤。

实训内容

杯体:鸡尾酒杯。
方法:摇和法。
装饰:无装饰。
口味:辣中带甜。

操作程序

问询客人的需要→拿出杯子→拿出相应酒水→倒入金酒、柠檬汁、红石榴汁、红糖水、鸡蛋清半个→在摇酒器中摇匀→将调制好的酒水递给客人。

课堂组织

一、班前会(根据学生人数分成若干小组)

(1)上课铃响,集合、点到。
(2)检查仪容仪表。
(3)模拟领班或主管发言:总结前一天工作情况,安排今天工作。

二、教师示范

(1)教师讲解实训课教学内容、教学目的。
(2)教师讲解相关知识。
(3)教师简单讲解操作程序及要点。
(4)由教师模拟酒吧调酒员,抽选一名学生模拟客人,进行一次服务示范。

三、学生训练、教师巡查

(一)基本训练
(1)按照操作规范,进行富豪俱乐部鸡尾酒的操作技能训练。
(2)模拟客人和调酒员的学生交换角色,使用道具进行操作技能训练。
(二)应变训练
(1)将学生一分为二,分别模拟调酒员和客人:要求模拟客人的学生,在模拟过程中尽量想出各种合理的特殊要求,请模拟酒吧调酒员的同学应答。
(2)将两组学生模拟的角色变换后,再进行一次练习。

四、实训总结

(一)由教师讲解操作要点
(1)服务要注意程序问题。

(2)调酒员在服务过程中要注意卫生问题。

(二)教师根据学生实训情况进行总结表扬

(1)回答学生提问。

(2)针对实习情况进行总结表扬。

实训考核

实训考核表

检查项目和内容	实际得分			
	优	良	合格	不合格
1.加入冰块				
2.加入金酒				
3.加入柠檬汁				
4.加入红糖水				
6.加入半个鸡蛋清				
7.在摇壶里摇匀				

实训项目十五:调制金色美梦鸡尾酒训练

实训目的

通过调制金色美梦鸡尾酒的实训,学习如何调制金色美梦鸡尾酒,掌握此款酒的服务程序及要领。

实训时间

2 学时。

实训准备

实训场地准备:酒吧实训室。

实训用品准备:酒杯、量杯、夹冰器、摇酒器。

仪容仪表准备:到课人员须身着白衬衣,系黑领结,穿深色裤子(女士穿深色裙子)。制服应及时换洗,始终保持清洁平整。女服务员首饰应当从简,指甲修短,化淡妆,切忌浓妆。

相关知识

知识点一:酒的配方

原料:加里安奴:1 盎司。

君度香橙酒:0.5 盎司。

牛奶:0.5 盎司。

知识点二:调配此款酒的注意事项

冰块必须要过滤。

实训内容

方法:摇和法。

装饰:橙角。

口味:较甜。

操作程序

问询客人的需要→拿出杯子→拿出相应酒水→倒入加里安奴、君度香橙、牛奶→在摇酒器内摇匀→将调制好的酒水递给客人。

课堂组织

一、班前会(根据学生人数分成若干小组)

(1)上课铃响,集合、点到。

(2)检查仪容仪表。

(3)模拟领班或主管发言:总结前一天工作情况,安排今天工作。

二、教师示范

(1)教师讲解实训课教学内容、教学目的。

(2)教师讲解相关知识。

(3)教师简单讲解操作程序及要点。

(4)由教师模拟酒吧调酒员,抽选一名学生模拟客人,进行一次服务示范。

三、学生训练、教师巡查

(一)基本训练

(1)按照操作规范,进行此款酒的操作技能训练。

(2)模拟客人和调酒员的学生交换角色,使用道具进行操作技能训练。

(二)应变训练

(1)将学生一分为二,分别模拟调酒员和客人:要求模拟客人的学生,在模拟过程中尽量想出各种合理的特殊要求,请模拟酒吧调酒员的同学应答。

(2)将两组学生模拟的角色变换后,再进行一次练习。

四、实训总结

(一)由教师讲解操作要点

(1)服务要注意程序问题。

(2)调酒员在服务过程中要注意卫生问题。

(二)教师根据学生实训情况进行总结表扬

(1)回答学生提问。

(2)针对实习情况进行总结表扬。

实训考核

实训考核表

检查项目和内容	实际得分			
	优	良	合格	不合格
1. 加入冰块				
2. 加入加里安奴				
3. 加入君度香橙				
4. 加入牛奶				
5. 用摇和法摇匀				
6. 装饰物				

实训项目十六：搅和法调酒训练

实训目的

(1)了解搅和法的概念。

(2)掌握搅和法常用酒水配方。能用搅和法调制出2~3款酒水。

实训时间

2学时。

实训准备

实训场地准备：酒吧实训室。

实训用品准备：搅拌器、量杯、夹冰器、酒杯。

仪容仪表准备：到课人员须身着白衬衣，系黑领结，穿深色裤子(女士穿深色裙子)。制服应及时换洗，始终保持清洁平整。女服务员首饰应当从简，指甲修短，化淡妆，切忌浓妆。

相关知识

知识点一：搅和法的概念

搅和法，是用搅拌器取代摇荡法，主要用于有水果类块状材料需要搅拌时的调制方法，也是目前最流行的做法，混合效果相当好。

知识点二：搅拌器的使用

事先准备细碎冰或刨冰，在搅拌器上座倒入材料，然后加入碎冰(刨冰)，开动电源混合搅拌，约10秒钟关掉电源，待发动机停转后拿下混合杯，将酒倒入杯中即可。

实训内容

操作程序

将材料用量杯量出正确分量后，倒入搅拌器内，用冰夹夹取冰块，放入搅拌器内。倒入其他配料，开动搅拌器搅拌均匀，将酒倒入酒杯中即可。

课堂组织

一、班前会（根据学生人数分成若干小组）

（1）上课铃响，集合、点到。

（2）检查仪容仪表。

（3）模拟领班或主管发言：总结前一天工作情况，安排今天工作。

二、教师示范

（1）教师讲解实训课教学内容、教学目的。

（2）教师讲解相关知识。

（3）教师简单讲解操作程序及要点。

（4）由教师模拟酒吧调酒员，抽选一名学生模拟客人，进行一次服务示范。

三、学生训练、教师巡查

（一）基本训练

（1）按照操作规范，进行此款酒的操作技能训练。

（2）模拟客人和调酒员的学生交换角色，使用道具进行操作技能训练。

（二）应变训练

（1）将学生一分为二，分别模拟调酒员和客人：要求模拟客人的学生，在模拟过程中尽量想出各种合理的特殊要求，请模拟酒吧调酒员的同学应答。

（2）将两组学生模拟的角色变换后，再进行一次练习。

四、实训总结

（一）由教师讲解操作要点

（1）服务要注意程序问题。

（2）调酒员在服务过程中要注意卫生问题。

（3）搅拌器具的使用。

（二）教师根据学生实训情况进行总结表扬

（1）回答学生提问。

(2)针对实习情况进行总结表扬。

实训考核

实训考核表

检查项目和内容	实际得分			
	优	良	合格	不合格
1. 搅拌器的使用				
2. 正确的程序				

实训项目十七：调制卡萨布兰卡鸡尾酒训练

实训目的

通过调制卡萨布兰卡鸡尾酒的实训，学习如何调制此酒，掌握此款酒的服务程序及要领。

实训时间

2 学时。

实训准备

实训场地准备：酒吧实训室。

实训用品准备：酒杯、量杯、夹冰器、搅拌器。

仪容仪表准备：到课人员须身着白衬衣，系黑领结，穿深色裤子（女士穿深色裙子）。制服应及时换洗，始终保持清洁平整。女服务员首饰应当从简，指甲修短，化淡妆，切忌浓妆。

相关知识

知识点：卡萨布兰卡鸡尾酒的配方

蓝橙甜酒：1 盎司。
菠萝汁：2 盎司。
椰浆：1/2 盎司。
鲜奶：1 盎司。
糖：1/3 盎司。

实训内容

将基酒与辅料用量杯按配方量入已加好碎冰的电动搅拌器中，中速搅拌 15 秒钟，然后连冰带水倒入杯中，用菠萝角装饰，加入搅拌吸管。

操作程序

问询客人的需要→拿出杯子→拿出相应酒水→将电动搅拌器里加入碎冰→倒入蓝橙甜酒、菠萝汁、椰浆、鲜奶、糖→中速搅拌 15 秒钟→然后连冰带水地倒入杯中→用菠萝角挂杯装饰→将调制好的酒水递给客人。

课堂组织

一、班前会（根据学生人数分成若干小组）

（1）上课铃响，集合、点到。

（2）检查仪容仪表。

（3）模拟领班或主管发言：总结前一天工作情况，安排今天工作。

二、教师示范

（1）教师讲解实训课教学内容、教学目的。

（2）教师讲解相关知识。

（3）教师简单讲解操作程序及要点。

（4）由教师模拟酒吧调酒员，抽选一名学生模拟客人，进行一次服务示范。

三、学生训练、教师巡查

（一）基本训练

（1）按照操作规范，进行卡萨布兰卡鸡尾酒的操作技能训练。

（2）模拟客人和调酒员的学生交换角色，使用道具进行操作技能训练。

（二）应变训练

（1）将学生一分为二，分别模拟调酒员和客人：要求模拟客人的学生，在模拟过程中尽量想出各种合理的特殊要求，请模拟酒吧调酒员的同学应答。

（2）将两组学生模拟的角色变换后，再进行一次练习。

四、实训总结

（一）由教师讲解操作要点

（1）服务要注意程序问题。

（2）调酒员在服务过程中要注意卫生问题。

（二）教师根据学生实训情况进行总结表扬

（1）回答学生提问。

（2）针对实习情况进行总结表扬。

实训考核

实训考核表

检查项目和内容	实际得分			
	优	良	合格	不合格
1. 拿出搅拌器				
2. 加入蓝橙甜酒				
3. 加入菠萝汁				
4. 加入椰浆				
5. 加入鲜奶、糖				
6. 开动搅拌器				
7. 装饰物				

第三单元

酒吧服务员实训教程

实训项目一：斟倒葡萄酒的训练
实训项目二：斟倒香槟酒的训练
实训项目三：斟倒软饮料的训练
实训项目四：更换烟灰缸的训练
实训项目五：引领客人入座的训练
实训项目六：酒水供应服务的训练
实训项目七：端托盘的训练

实训项目一:斟倒葡萄酒的训练

实训目的

(1)了解斟倒红、白葡萄酒的各种酒杯。

(2)熟悉红、白葡萄酒的斟倒技巧。

(3)掌握红、白葡萄酒的服务程序。

实训时间

2 学时。

实训准备

实训场地准备:酒吧实训室。

实训用品准备:各种葡萄酒杯、开瓶器、托盘、杯垫、抹布。

仪容仪表准备:到课人员须身着白衬衣,系黑领结,穿深色裤子(女士穿深色裙子)。制服应及时换洗,始终保持清洁平整。女服务员首饰应当从简,指甲修短,化淡妆,切忌浓妆。

相关知识

知识点一:开瓶器的使用

用小刀将酒瓶上部的封口割掉,然后用干净的餐巾把瓶口擦干净。用酒钻从木塞的中间钻入,转动酒钻上面的把手,随着酒钻深入木塞,酒钻两边的杠杆会往上仰起,待酒钻刚刚钻透木塞时,两手各持一个杠杆同时往下压,木塞便会慢慢地从瓶中升出来。

知识点二:葡萄酒的斟倒方法

以瓶为销售单位的酒水,通常在餐桌上为客人斟倒。饮白葡萄酒和玫瑰红葡萄酒斟至杯中的2/3处；红葡萄酒斟至杯中的1/3处。

实训内容

操作程序

酒吧服务员为客人斟酒服务的程序和方法如下：

(1)站在客人的右边，侧身，用右手为顾客斟酒。左手拿一块干净布巾。服务员每斟一杯酒应换一个位置，移至下一个顾客的右边，再继续斟酒。女士优先，顺时针方向移动。

(2)斟酒水时，瓶口与杯沿保持一定的距离，约2厘米，瓶口不要接触杯子。右手握住酒瓶中部，标签朝向客人。

(3)红葡萄酒应放在酒篮或酒架中，使酒瓶倾倒片刻后，再为顾客斟倒，以利于红酒沉淀。斟酒时，酒瓶颈下应衬垫一块布巾，以防酒液滴落。

(4)白葡萄酒、玫瑰红葡萄酒应冷藏后再斟倒。通常，将白葡萄酒、玫瑰红葡萄酒等放在冰桶内靠近主人右侧较方便的地方，然后用一块布巾包住瓶身，露出标签，再为客人斟倒，以免酒液滴在餐桌或顾客的衣服上。

(5)服务员每斟一杯酒后，持瓶的手要顺时针方向旋转一下；收回酒瓶时，左手用干净的布巾擦拭一下瓶口，防止最后一滴酒液洒落在餐桌或客人的衣服上。

(6)斟倒酒水时，动作应优雅大方，脚不要踏在椅子上，手不可搭在椅背上。

(7)明确酒水的最佳饮用温度。白葡萄酒、玫瑰红葡萄酒、葡萄汽酒最佳饮用温度约为10℃~12℃，红葡萄酒的最佳饮用温度为20℃。如果能在饮用前打开瓶塞，让酒液与空气接触片刻，红葡萄酒会更香醇。酒精度较高的加强葡萄酒，如波特酒(Port)和雪利酒(Sherry)最佳的饮用温度为室内温度(20℃)。斟倒后，除了红葡萄酒外，白葡萄酒、玫瑰红葡萄酒、香槟酒及葡萄汽酒均应放回冰桶内，保持冷藏，并用一块干净布巾盖在冰桶上，而红葡萄酒连同酒架或酒篮一起斟倒后，放在餐桌上靠近主人的右手处。

(8)斟酒完毕后，服务员感谢顾客，说声："谢谢！"或"谢谢××小姐！谢谢××先生！"然后离开餐桌。

课堂组织

一、班前会(根据学生人数分成若干小组)

(1)上课铃响，集合、点到。

(2)检查仪容仪表。

(3)模拟领班或主管发言:总结前一天工作情况,安排今天工作。

二、教师示范

(1)教师讲解实训课教学内容、教学目的。

(2)教师讲解相关知识。

(3)教师简单讲解操作程序及要点。

(4)由教师模拟酒吧调酒员,抽选一名学生模拟客人,进行一次服务示范。

三、学生训练、教师巡查

(一)基本训练

(1)按照操作规范,进行斟倒葡萄酒的操作技能训练。

(2)模拟客人和调酒员的学生交换角色,使用道具进行操作技能训练。

(二)应变训练

(1)将学生一分为二,分别模拟调酒员和客人:要求模拟客人的学生,在模拟过程中尽量想出各种合理的特殊要求,请模拟酒吧调酒员的同学应答。

(2)将两组学生模拟的角色变换后,再进行一次练习。

四、实训总结

(一)由教师讲解操作要点

(1)服务须注意程序问题。

(2)开瓶器的使用。

(3)倒酒的方法。

(二)教师根据学生实训情况进行总结表扬

(1)回答学生提问。

(2)针对实习情况进行总结表扬。

实训考核

实训考核表

检查项目和内容	实际得分			
	优	良	合格	不合格
1. 微笑问候				
2. 问询客人所需酒水				
3. 开瓶器的使用				
4. 倒酒的方法				

实训项目二：斟倒香槟酒的训练

实训目的

(1)了解斟倒香槟酒的各种酒杯。

(2)熟悉香槟酒的斟倒技巧。

(3)掌握香槟酒的服务程序。

实训时间

2学时。

实训准备

实训场地准备：酒吧实训室。

实训用品准备：酒杯、量杯、夹冰器。

仪容仪表准备：到课人员须身着白衬衣，系黑领结，穿深色裤子(女士穿深色裙子)。制服应及时换洗，始终保持清洁平整。女服务员首饰应当从简，指甲修短，化淡妆，切忌浓妆。

相关知识

知识点一：打开香槟酒的方法

将酒瓶放在餐桌上并准备好香槟酒杯，左手持瓶，右手撕掉瓶口上的锡纸；左手食指牢牢按住瓶塞，右手除掉瓶盖上的铁丝及铁盖。瓶口倾斜约45度角，用右手持一干净布巾紧紧包住瓶口。这时，由于酒瓶倾斜，瓶中会产生压力，酒瓶的木塞开始向上移动，然后右手轻轻将木塞拔出。注意瓶口不要朝向客人，以防木塞冲出。用干净的布巾将瓶口擦干净。

知识点二：显示酒瓶标签的原则和技巧

在餐厅酒吧中，顾客常常点用（购买）整瓶葡萄酒、香槟酒，有些顾客则点用整瓶烈性酒。由于各种酒，尤其是葡萄酒的品种和产地非常多，因此，在开瓶前，都应让客人鉴定一下酒的名称、商标、产地、年限和级别等内容，采用这种服务程序和方法，目的是让客人鉴定该酒吧的产品质量，同时也是表示对顾客的尊重。实际上显示酒瓶商标只是开瓶的一部分服务。其服务原则和技巧是：

（1）服务员站在主宾（点酒水的人）右侧，左手托瓶底，右手持瓶，酒的标签朝向主宾，与主宾面部距离约45厘米，以方便客人查看与鉴定。

（2）左手与瓶底之间垫一块干净布巾，叠成整齐形状，右手持不带标签那面靠近瓶颈底部的位置，以方便握瓶和显示标签。

（3）展示香槟酒标签时，左手托瓶底，右手的大拇指和食指夹住瓶口，此时瓶颈正好在右手虎口处。这是因为，一些香槟酒瓶上部较粗，不容易握住，采用这种方法，则可握牢，同时，也是为了更好地显示香槟酒的全部标签。

实训内容

操作程序

当客人点了香槟酒和葡萄汽酒时，首先将瓶子擦干净，然后放入冰桶中，连冰桶一起运送到主宾右侧方便的地方。将香槟酒从桶内取出，用餐巾将瓶子擦干并用餐巾包住瓶子，商标朝外，请主宾鉴定。当主宾认可后，将酒瓶放在餐桌上并准备好香槟酒杯，左手持瓶，右手撕掉瓶口上的锡纸；左手食指牢牢按住瓶塞，右手除掉瓶盖上的铁丝及铁盖；瓶口倾斜约45度角，用右手持一干净布巾紧紧包住瓶口。这时，由于酒瓶倾斜，瓶中会产生压力，酒瓶的木塞开始向上移动，然后用右手轻轻将木塞拔出。注意瓶口不要朝向客人，以防木塞冲出。用干净的布巾将瓶口擦干净，先为主宾斟倒少量的香槟酒，请主宾品尝，得到主宾认可后，从女士开始顺时针为其他客人斟倒。

课堂组织

一、班前会（根据学生人数分成若干小组）

（1）上课铃响，集合、点到。

（2）检查仪容仪表。

（3）模拟领班或主管发言：总结前一天工作情况，安排今天工作。

二、教师示范

(1)教师讲解实训课教学内容、教学目的。

(2)教师讲解相关知识。

(3)教师简单讲解操作程序及要点。

(4)由教师模拟酒吧调酒员,抽选一名学生模拟客人,进行一次服务示范。

三、学生训练、教师巡查

(一)基本训练

(1)按照操作规范,进行斟倒香槟酒的操作技能训练。

(2)模拟客人和调酒员的学生交换角色,使用道具进行操作技能训练。

(二)应变训练

(1)将学生一分为二,分别模拟调酒员和客人:要求模拟客人的学生,在模拟过程中尽量想出各种合理的特殊要求,请模拟酒吧调酒员的同学应答。

(2)将两组学生模拟的角色变换后,再进行一次练习。

四、实训总结

(一)由教师讲解操作要点

(1)服务须注意程序问题。

(2)调酒员在服务过程中要掌握倒酒程序问题。

(3)拔铁丝的方法。

(二)教师根据学生实训情况进行总结表扬

(1)回答学生提问。

(2)针对实习情况进行总结表扬。

实训考核

实训考核表

检查项目和内容	实际得分			
	优	良	合格	不合格
1. 微笑问候				
2. 问询客人所需酒水				
3. 香槟酒瓶的打开程序				
4. 倒酒的方法				

实训项目三：斟倒软饮料的训练

实训目的

了解斟倒软饮料的程序，掌握斟倒软饮料的技巧。

实训时间

2 学时。

实训准备

实训场地准备：酒吧实训室。

实训用品准备：酒杯、量杯、夹冰器。

仪容仪表准备：到课人员须身着白衬衣，系黑领结，穿深色裤子（女士穿深色裙子）。制服应及时换洗，始终保持清洁平整。女服务员首饰应当从简，指甲修短，化淡妆，切忌浓妆。

相关知识

知识点一：冷饮服务

所有冷饮品种，如矿泉水、果汁等，在服务前都要经过冷藏。此外，冷饮使用的杯子都应采用降温措施，以保证冷饮的温度，可以提前将杯子放在冷藏箱中，待使用时取出，或把几块冰块放在杯中旋转几周使其降温。在矿泉水服务中，其最佳饮用温度约为4℃，并当着客人面开瓶。任何冷饮，尤其是矿泉水，在没有得到客人同意时，不要在水中加冰块或柠檬片。

知识点二：热饮服务

在各种酒吧中，热饮品种主要是咖啡和茶。在服务中，首先问清楚咖啡或茶的种类并重复一遍。咖啡服务应注意从右边做起，并注意咖啡杯的摆放，杯柄应朝向右方，咖啡杯应配上底碟和咖啡匙。红茶的服务基本上与咖啡相同。目前，热饮品种越来越多，各种热饮都有自己独特的服务方式。如，中国功夫茶、爱尔兰咖啡等。热饮的温度非常重要，热饮品一定要是热的，绝不能是温和的。

实训内容

操作程序

提前将杯子放在冷藏箱中，待使用时取出，或把几块冰块放在杯中旋转几周使其降温，矿泉水在没有得到客人同意时，不要在水中加冰块或柠檬片。

问清咖啡或茶的种类后须重复一遍，服务咖啡应从右边做起，注意咖啡杯的摆放——杯柄朝向右方，咖啡杯应配上底碟和咖啡匙。

课堂组织

一、班前会（根据学生人数分成若干小组）

（1）上课铃响，集合、点到。

（2）检查仪容仪表。

（3）模拟领班或主管发言：总结前一天工作情况，安排今天工作。

二、教师示范

（1）教师讲解实训课教学内容、教学目的。

（2）教师讲解相关知识。

（3）教师简单讲解操作程序及要点。

（4）由教师模拟酒吧调酒员，抽选一名学生模拟客人，进行一次服务示范。

三、学生训练、教师巡查

（一）基本训练

（1）按照操作规范，进行此款酒的操作技能训练。

（2）模拟客人和调酒员的学生交换角色，使用道具进行操作技能训练。

（二）应变训练

（1）将学生一分为二，分别模拟调酒员和客人：要求模拟客人的学生，在模拟过程中尽量想出各种合理的特殊要求，请模拟酒吧调酒员的同学应答。

（2）将两组学生模拟的角色变换后，再进行一次练习。

四、实训总结

（一）由教师讲解操作要点

(1)服务须注意程序问题。

(2)服务员在服务过程中要注意卫生问题。

(3)倒咖啡的方法。

（二）教师根据学生实训情况进行总结表扬

(1)回答学生提问。

(2)针对实习情况进行总结表扬。

实训考核

实训考核表

检查项目和内容	实际得分			
	优	良	合格	不合格
1.斟倒矿泉水				
2.斟倒果汁				
3.斟倒咖啡				
4.斟倒茶水				

实训项目四:更换烟灰缸的训练

实训目的

掌握更换烟灰缸的要领及程序。

实训时间

2 学时。

实训准备

实训场地准备:酒吧实训室。

实训用品准备:酒杯、量杯、夹冰器。

仪容仪表准备:到课人员须身着白衬衣,系黑领结,穿深色裤子(女士穿深色裙子)。制服应及时换洗,始终保持清洁平整。女服务员首饰应当从简,指甲修短,化淡妆,切忌浓妆。

相关知识

知识点一:避免烟灰飞扬的方法

用右手拿一干净的烟灰缸,盖在有烟头及烟灰的烟灰缸上。

知识点二:更换烟灰缸的时间

当烟灰缸里有 1 ~2 个烟头时,就应该更换烟灰缸。

实训内容

根据酒吧服务标准,将带有烟灰或 1 ~2 个烟头的烟灰缸撤掉并换上干净的烟灰缸,其原则和方法如下:

换吧台的烟灰缸时，服务员用右手拿一干净的烟灰缸，盖在有烟头或烟灰的烟灰缸上，然后，用右手将两个烟灰缸一起撤掉，再将一个干净的烟灰缸放在吧台原来的位置上。

撤换餐桌上的烟灰缸时，服务员应用托盘的方法，将干净的烟灰缸送至客人面前，用右手将干净的烟灰缸盖在有烟头的烟灰缸上，用右手将两个烟灰缸一起撤掉，放在左手的托盘内，再用右手将一个干净的烟灰缸放在原来的位置上。

操作程序

右手拿一干净的烟灰缸→盖在有烟头或烟灰的烟灰缸上→用右手将两个烟灰缸一起撤掉→放在左手的托盘内→再将一个干净的烟灰缸放在吧台原来的位置上。

课堂组织

一、班前会(根据学生人数分成若干小组)

(1)上课铃响，集合、点到。

(2)检查仪容仪表。

(3)模拟领班或主管发言：总结前一天工作情况，安排今天工作。

二、教师示范

(1)教师讲解实训课教学内容、教学目的。

(2)教师讲解相关知识。

(3)教师简单讲解操作程序及要点。

(4)由教师模拟酒吧服务员，抽选一名学生模拟客人，进行一次服务示范。

三、学生训练、教师巡查

(一)基本训练

(1)按照操作规范，进行更换烟灰缸的操作技能训练。

(2)模拟客人和服务员的学生交换角色，使用道具进行操作技能训练。

(二)应变训练

(1)将学生一分为二，分别模拟服务员和客人：要求模拟客人的学生，在模拟过程中尽量想出各种合理的特殊要求，请模拟酒吧服务员的同学应答。

(2)将两组学生模拟的角色变换后，再进行一次练习。

四、实训总结

(一)由教师讲解操作要点

(1)服务须注意程序问题。

(2)撤换烟灰缸时避免烟灰飞扬。

(二)教师根据学生实训情况进行总结表扬

(1)回答学生提问。

(2)针对实习情况进行总结表扬。

实训考核

实训考核表

检查项目和内容	实际得分			
	优	良	合格	不合格
1. 右手拿一干净的烟灰缸				
2. 盖在有烟头或烟灰的烟灰缸上				
3. 用右手将两个烟灰缸一起撤掉				
4. 放在左手的托盘内				
5. 再将一个干净的烟灰缸放在吧台原来的位置上				

实训项目五：引领客人入座的训练

实训目的

掌握引领客人入座的方法与程序。

实训时间

2 学时。

实训准备

实训场地准备：酒吧实训室。

实训用品准备：酒杯、量杯、夹冰器。

仪容仪表准备：到课人员须身着白衬衣，系黑领结，穿深色裤子（女士穿深色裙子）。制服应及时换洗，始终保持清洁平整。女服务员首饰应当从简，指甲修短，化淡妆，切忌浓妆。

相关知识

知识点一：单个客人的入座引导

（1）客人来到酒吧门口，迎宾员应主动上前微笑问候；问清人数后引入酒吧。

（2）如是一位客人，可引领至吧台前的吧椅上就座。

（3）如是需要等人的客人，则可引领至能看到门口的小圆桌。

（4）引领时应遵从客人的意愿和喜好，不可强行安排座位。

（5）拉椅让座，待客人入座后递上打开的酒单，并对客人说："请看酒单"。

（6）迎宾员、酒吧服务员或调酒员，交接后返回引领区域，记录引领客人的人数。

知识点二:多个客人的入座引导

(1)客人来到酒吧门口,迎宾员应主动上前微笑问候,问清人数后引入酒吧。

(2)如是两位以上的客人,可引领至小圆(方)桌。

(3)引领时应遵从客人的意愿和喜好,不可强行安排座位。

(4)拉椅让座,待客人入座后递上打开的酒单,并对客人说:“请看酒单”。

(5)迎宾员、酒吧服务员或调酒员,交接后返回引领区域,记录引领客人的人数。

实训内容

操作程序

迎宾员应主动上前微笑问候→问清人数后引入酒吧→如是一位客人可引领至吧台前的吧椅上就座→如两位以上的客人,可引领到小圆(方)桌→拉椅让座,待客人入座后递上打开的酒单→并对客人说:“请看酒单”→返回引领区域→记录引领客人的人数。

课堂组织

一、班前会(根据学生人数分成若干小组)

(1)上课铃响,集合、点到。

(2)检查仪容仪表。

(3)模拟领班或主管发言:总结前一天工作情况,安排今天工作。

二、教师示范

(1)教师讲解实训课教学内容、教学目的。

(2)教师讲解相关知识。

(3)教师简单讲解操作程序及要点。

(4)由教师模拟酒吧调酒员,抽选一名学生模拟客人,进行一次服务示范。

三、学生训练、教师巡查

(一)基本训练

(1)按照操作规范,进行此款酒的操作技能训练。

(2)模拟客人和调酒员的学生交换角色,使用道具进行操作技能训练。

(二)应变训练

(1)将学生一分为二,分别模拟调酒员和客人:要求模拟客人的学生,在模拟过程中尽量想出各种合理的特殊要求，请模拟酒吧调酒员的同学应答。

(2)将两组学生模拟的角色变换后，再进行一次练习。

四、实训总结

(一)由教师讲解操作要点

(1)服务须注意程序问题。

(2)在引领过程中座位的安排。

(二)教师根据学生实训情况进行总结表扬

(1)回答学生提问。

(2)针对实习情况进行总结表扬。

实训考核

实训考核表

检查项目和内容	实际得分			
	优	良	合格	不合格
1. 迎宾员应主动上前微笑问候				
2. 如是一位客人可引领至吧台前的吧椅上				
3. 如两位以上的客人，可引领到小圆(方)桌				
4. 拉椅让座，待客人入座后递上打开的酒单				
5. 并对客人说："请看酒单"				
6. 返回引领区域				
7. 记录引领客人的人数				

实训项目六:酒水供应服务的训练

实训目的

了解点酒水标准以及各种酒水供应服务的标准。

实训时间

2 学时。

实训准备

实训场地准备:酒吧实训室。

实训用品准备:酒杯、量杯、夹冰器。

仪容仪表准备:到课人员须身着白衬衣,系黑领结,穿深色裤子(女士穿深色裙子)。制服应及时换洗,始终保持清洁平整。女服务员首饰应当从简,指甲修短,化淡妆,切忌浓妆。

相关知识

知识点一:点酒水标准

先询问客人所喜欢的品种和口味,再为客人介绍品种。对每个客人选用的酒水都应做出记号,以便正确地将每个客人选用的酒水送至顾客面前。

知识点二:开酒水单标准

重复客人所点酒水的名称、产地、级别、数目、价格,以避免出错。酒水单一式三份,填写时要清楚地写上日期、经手人、酒水品种、价格、数量、客人的位置及客人所提出的特别要求。填好后交收银员。

实训内容

操作程序

1. 收款立账标准

将点酒单第一联与账单副页订在一起，第二联盖章后交与调酒师，凭单配制酒水，并在当日收吧后送交会计。第三联由服务员或调酒师自己保存备查。小型酒吧不设收款员，由调酒师记录账单，用收款机收款。

2. 配制酒水标准

调酒师凭盖章的第二联单配制酒水及准备小食品，按照酒吧的标准配方、标准程序配制酒水；按照酒吧的标准酒杯盛装酒水。

3. 配置酒水标准

配置酒水时，调酒师面对客人，动作要潇洒、轻松、自然、准确，手握杯子的底部，使用各种用具取食品。注意客人的先后顺序，要先为早到的客人调制酒水。对于一起来的客人，应先为女士调酒。调制一般的果汁、汽水、矿泉水、啤酒，应在2分钟内完成；调制鸡尾酒等混合饮料可在3分钟内完成，稀释果汁和调制饮料用的水必须是冷开水或矿泉水，也可用容器盛满冰块倒入开水。

4. 吧台服务标准

注意观察酒吧客人的饮酒情况，看到客人的酒水快喝完时，要询问客人是否再加一杯；注意吧台表面有无酒水残迹，经常用干净的抹布擦抹吧台，及时为客人斟酒水、换烟灰缸和更换沾上酒水的杯垫。

5. 结账标准

客人要求结账时，调酒师或服务员要立即结账，仔细检查账单，核对酒水品种、数量后，再将账单交给客人。

6. 清洗酒杯标准

营业中及时收集客人使用过的空杯，送至吧台或洗碗间清洗消毒，不要等所有客人全都喝完后再收杯。清洗消毒后的酒杯要送回酒吧，擦干净后，放在工作台上或适当的地方备用。清洗过的杯具应手握酒杯底部，用清洁和干爽的餐巾擦干，直至杯子透明光亮为止。

7. 清理台面标准

调酒师要经常清理台面，将酒吧台上客人用过的空杯、吸管、杯垫收下来，将用过的吸管、杯垫扔进垃圾桶，空杯送去清洗，台面要经常用湿毛巾擦净，不能留有酒水痕迹，回收的空瓶放回箱中，空罐与垃圾放入垃圾桶中并及时送去垃圾间。通常烟灰缸内有两个烟头时就应更换，换下的烟灰缸要清洗干净备用。

课堂组织

一、班前会(根据学生人数分成若干小组)

(1)上课铃响,集合、点到。

(2)检查仪容仪表。

(3)模拟领班或主管发言:总结前一天工作情况,安排今天工作。

二、教师示范

(1)教师讲解实训课教学内容、教学目的。

(2)教师讲解相关知识。

(3)教师简单讲解操作程序及要点。

(4)由教师模拟酒吧调酒员,抽选一名学生模拟客人,进行一次服务示范。

三、学生训练、教师巡查

(一)基本训练

(1)按照操作规范,进行上述操作技能训练。

(2)模拟客人和服务员的学生交换角色,使用道具进行操作技能训练。

(二)应变训练

(1)将学生一分为二,分别模拟调酒员和客人:要求模拟客人的学生,在模拟过程中尽量想出各种合理的特殊要求,请模拟酒吧调酒员的同学应答。

(2)将两组学生模拟的角色变换后,再进行一次练习。

四、实训总结

(一)由教师讲解操作要点

(1)服务须注意程序问题。

(2)开单的程序。

(二)教师根据学生实训情况进行总结表扬

(1)回答学生提问。

(2)针对实习情况进行总结表扬。

实训考核

实训考核表

检查项目和内容	实际得分			
	优	良	合格	不合格
1. 点酒水标准				

续表

检查项目和内容	实际得分			
	优	良	合格	不合格
2. 开酒水单标准				
3. 收款立账标准				
4. 配制酒水标准				
5. 配置酒水标准				
6. 吧台服务标准				
7. 结账标准				
8. 清洗酒杯标准				
9. 清理台面标准				

实训项目七：端托盘的训练

实训目的

掌握胸前托托盘及肩上托托盘的技巧。

实训时间

2 学时。

实训准备

实训场地准备：酒吧实训室。

实训用品准备：酒杯、量杯、夹冰器、托盘。

仪容仪表准备：到课人员须身着白衬衣，系黑领结，穿深色裤子（女士穿深色裙子）。制服应及时换洗，始终保持清洁平整。女服务员首饰应当从简，指甲修短，化淡妆，切忌浓妆。

相关知识

知识点一：托盘摆放要领

将酒水、杯具等物品装在托盘的过程称为装盘。装盘时，为了方便运送和服务，避免服务中出现差错和事故，通常根据物品的形状、体积和使用先后顺序合理安排。在轻托服务中，将重物、高物放在托盘的里面（靠近自身的一边），先使用的物品、酒水、饮料放在托盘的前部（离自身较远的一边），后使用的放在托盘的后部。

知识点二：托盘服务的标准

将托盘洗净、擦干，盘内铺上干净的盘布或口布并平铺拉直，使盘布与托盘对齐。这样可避免餐具在托盘中滑动，增加摩擦力，同时使托盘美观、整洁。防滑的托盘可以不铺口布。

实训内容

操作程序

先把托盘放在不高于自身腰部的平面上,根据物体的形状和服务的先后摆放要运送的物体。一脚朝前,将左手放在与托盘同样的平面上,必要时可屈膝,腰略弯,掌心向上,五指分开。用右手将托盘送至左手上,使托盘中较重的一边落在左手掌上,托盘的其余部分留在原来的平面上。将托盘的全部托在左手上,用手指和手掌托住盘底,掌心不与盘底接触,平托于胸前。行走时托盘要平、双肩要平、眼睛平视前方并常用余光看地面和两侧,脚步要轻捷,手腕应轻松灵活,使托盘随走路时轻轻摆动的节奏尽量保持平稳,注意摆动的幅度不要过大。不摆动或摆动幅度过大都容易使汤汁外溢。

课堂组织

一、班前会(根据学生人数分成若干小组)

(1)上课铃响,集合、点到。

(2)检查仪容仪表。

(3)模拟领班或主管发言:总结前一天工作情况,安排今天工作。

二、教师示范

(1)教师讲解实训课教学内容、教学目的。

(2)教师讲解相关知识。

(3)教师简单讲解操作程序及要点。

(4)由教师模拟酒吧调酒员,进行一次服务示范。

三、学生训练、教师巡查

(一)基本训练

(1)按照操作规范,进行胸前托盘的操作技能训练。

(2)使用托盘进行肩上托盘的操作技能训练。

(二)应变训练

(1)将学生一分为二,分别模拟调酒员和客人:要求模拟客人的学生,在模拟过程中尽量想出各种合理的特殊要求,请模拟酒吧调酒员的同学应答。

(2)将两组学生模拟的角色变换后,再进行一次练习。

四、实训总结

(一)由教师讲解操作要点

(1)服务员须注意肩上托的要领。

(2)重物、轻物的摆放要领。

(二)教师根据学生实训情况进行总结表扬

(1)回答学生提问。

(2)针对实习情况进行总结表扬。

实训考核

实训考核表

检查项目和内容	实际得分			
	优	良	合格	不合格
1. 托盘的摆放				
2. 胸前托要领				
3. 肩上托要领				

附　录

附录一：酒吧常用英语术语介绍
附录二：葡萄酒的补充知识
附录三：威士忌的名酒补充介绍
附录四：白兰地的名酒补充介绍

附录一：酒吧常用英语术语介绍

一、酒吧用具常用英语

bar 酒吧
counter 吧台
bar chair 酒吧椅
bottle opener 开瓶刀
corkscrew 酒钻
ice shaver 削冰器
ice maker 制冰机
ice bucket 小冰桶
ice tongs 冰勺夹
ice scoop 冰勺
cocktail shaker 调酒器
pouring measure 量酒器
juice extractor 果汁榨汁机
electric blender 电动搅拌机
water jug 水壶
champagne bucket 香槟桶
enamelled cup 搪瓷杯
ceramic cup 陶瓷杯
straw 吸管
decanter 酒壶
mixing glasses 调酒杯
beer mug 啤酒杯
champagne glass 香槟杯
measuring jug 量杯
wine glass 葡萄酒杯
brandy glass 白兰地杯
tumbler 平底无脚酒杯
goblet 高脚杯
tapering glass 圆锥形酒杯
plate 盘子

fork 叉子
spoon 勺子
soup spoon 汤勺
toothpick 牙签
chopsticks 筷子
cup 茶杯

二、酒吧用品常用英语

cherry 樱桃
lemon 柠檬
clove 丁香
pineapple 菠萝
onion 洋葱
strawberry 草莓
olive 橄榄
cucumber 黄瓜
mint 薄荷
grapefruit 西柚
grape 葡萄
soda water 苏打水
drink 饮料
mineral water 矿泉水
orange juice 橘子原汁
orangeade, orange squash 橘子水
lemon juice 柠檬原汁
lemonade 柠檬水
coke, coca cola 可口可乐
pepsi cola 百事可乐
sprite 雪碧
orange squash 橘子汁
ice cream 冰激凌
pear 梨
peach 桃
banana 香蕉
orange 橘子
watermelon 西瓜
harmi melon 哈密瓜
lanchou melon 白兰瓜
lichee 荔枝

bread 面包
chocolate 巧克力
cake 蛋糕
coffee 咖啡
black tea 红茶
a mouth cloth 口布
cigarette 香烟
match 火柴
toilet paper 手纸
hot water 开水
cold water 凉开水
sugar 糖
monosodium glutamate 味精
curry powder 咖喱粉
chilli powder 辣椒粉
black pepper 胡椒粉
cubic sugar 方糖
powdered sugar 砂糖
sausage 香肠

三、服务用语英汉对照

Hi！您好！
Hello！您好！
How do you do？您好吗？
Good morning，Sir(Ladies). 先生(女士)，早上好。
Good afternoon，Ladies and Gentlemen. 先生们(女士们)，下午好！
Good evening，Ladies and Gentlemen. 先生们(女士们)，晚上好！
Hello！Wolcome to our club. 您好，欢迎你们(女士们、先生们)到我们俱乐部。
Here's the reception. What can I do for you？这里是接待处，可以为您效劳吗？
Good morning！早上好！
Good afternoon！下午好！
See you tommorow！明天见！
You are welcome！欢迎您！
I'm very glad to meet you！见到您很高兴！
This way，please. 请这边走！
Come in and sit down please. 请里边坐！
Take a rest，please. 请您休息一下！
Have a cup of tea，please. 请饮用一杯茶。
Have some coffee，please. 请饮用咖啡。

I'm sorry. 对不起。

Doesn't matter. 没关系。

Excuse me, please. 请原谅。

That's all right. 好的(好吧)。

What would you like to have? 您需要点什么?

Anything else? 还要别的吗?

Any more requests? 您还有别的要求吗?

Can I help you? 我能帮您做点什么吗?

Thank you for your kind wishes. 谢谢您的好意。

I'm sorry to have kept you waiting so long. 对不起,让您久等了。

Yes, right away. 好,马上就来。

OK, just a minute. 好,请稍等。

Turn left please. 向左拐。

Turn right please. 向右拐。

Straight on please. 一直往前走。

See you later. 再见。

See you again. 再会。

I wish you good healthe. 祝您健康!

Happy birthday! 祝您生日快乐!

We wish you'll have a pleasant time in china! 祝您在中国愉快!

Where is the toilet? 请问厕所在哪里?

Do you have a reservation, sir? 先生,请问您预订过座位吗?

This way, please, Madam. 夫人,请这边走。

Would you please follow me, Sir? 先生,请跟我来好吗?

This is your table, Madam. 夫人,这是您的座位。

Sit down, please. 请坐。

Wait a moment, please, I'll be with you, right away. 请等一等,我马上给您安排。

How many people in all, please? 请问一共几位?

Would you like to take this table? 您喜欢坐这里吗?

Here is a vacant table, Sir. 这里有一张空台,先生。

Sit there, Sir. 请坐在那里,先生。

Excuse me, would you like to share this with that gentleman? 对不起,您能跟这位先生(女士、小姐)合用一张台吗?

Excuse me, Do you have a free table, Sir? 对不起,这里有空位吗?

Are you being served? 已经有人招呼您了吗?

Tea is ready! 茶上好了。

Here are some cakes. 这里有点心。

Help yourself to a cigarette. 请吸烟。

How many are there in your party, Sir? 先生请问您这个团共多少人?

I'm sorry, Sir. There's no vacant table for the moment. 先生,对不起暂时没有空位了。

May I suggest that you have a drink in bar while you wait? 您能否在酒吧喝点什么,等一会儿。

There will be a wait of about 30 minutes. 大约要等 30 分钟。

Excuse me, May I have your name, Sir? 先生,能告诉我您的名字吗?

I'll let you know as soon as. 我会尽快告诉您的。

What wine do you prefer, Sir? 你喜欢哪种酒?

How about a cup of Maotai, Sir? 先生,来杯茅台酒吗?

Shall I pour you out a glass of champagne? 我给您倒杯香槟酒好吗?

Which may I bring you? 你要哪种?

What are you going to take? 您吃点什么?

What wine would you like, Sir?

您喜欢喝什么酒?

Enjoy your dinner, Sir. 先生,请慢用。

The tea is still too hot, be careful, please.

这茶还很烫,请小心。

May I serve you now? 现在上菜好吗?

I'm sorry to have kept you waiting! 抱歉,耽误了您的时间。

I'm very sorry. We will make another portion for you shortly. 实在对不起,我们马上替您重做。

I'm sorry. I'll make it clear and inform you as soon as possible. 对不起,我马上问清楚再告诉您。

Help yourself. 请随意用。

Can I offer you another bottle of beer? 我再给您来瓶啤酒,好吗?

Did you empty your glass? 您干了吗?

Good luck! 祝您顺利!

Cheers, everybody! 大家喝吧!

Shall I help you some fresh fruits? 要我给您上点新鲜的水果吗?

I quite agree. 我很乐意。

Bottom up! 干!

May I clear away the dishes, Please? 我可以撤掉这些盘子吗?

May I clear the table, Sir? 我们可以清理台面吗?

Sir, the bill please? 现在可以为您结账吗?

It's your change. Thank you very much. 这是您的找头,谢谢。

Please sign your name, Sir. 请您签字。

Pay your bill by cash, Please? 请付现款好吗?

Here's your bill, Sir. 先生,这是您的账单。

You can either pay in cash or in credit card. 您可以用现金或信用卡付账。

That will be eight hundred and eighty yuan, Sir. 先生,一共是 880 元。

Here's your check, Sir. 先生,这是您的收据。

Your separate checks and the change, please. 这是你们各自的收据和找头。

I'll have to check for an OK, Just a moment. 我要核实一下,请稍等。

Would you care to have separate bills or one common bill? 账单开在一起还是分开?

Thank you very much, Sir. Do come again, Please! 谢谢,欢迎再来,谢谢。

Don't hurry! Follow me, Please.(意外)不要慌,请跟我来。

Open all night. 本俱乐部通宵营业。

Please pay at the cash desk on leaving. 离席时请在账台会账。

Waiter,bill,Please! 服务员,请拿账单来!

Please make out my bill. 请把我的账单开好。

What will it be altogether? 一共多少钱?

Eight hundred and fifty-three RMB. Sir. 853 元人民币,先生。

There you are. 请收钱。

Thank you, Sir. 谢谢,先生。

Keep the change please! 找的钱请收下。

Thank you, Sir. Do come again Please. 先生,谢谢您,请下次再来。

Sorry, Sir, there's mistake in the bill. 对不起,先生,算错了账。

It should be 30(thirty) RMB yuan less. 你多付了 30 元钱。

40(Forty)yuan a plate, drink extra. 每位 40 元,酒水另计。

Good-bye! 再见!

See you! 再见!

Thank you for your coming and good - bye. 谢谢光临,再见。

Good - bye and good luck. 再见,祝您好运。

Have a pleasant journey. 祝您旅途平安。

Hope to see you again. 希望再一次见到您。

What's the show we're going to see tonight? 今晚我们要看的是什么节目?

It's *Rainbow Costume Dance*, a signature dance of the Tang Dynasty. 唐朝最具代表性的乐舞《霓裳羽衣舞》。

It's special holiday program performed by the Shaanxi Provincial Song and Dance Troupe. 这是陕西省歌舞剧院表演的节日专场。

How do you like the dancing? 您喜欢这个舞蹈吗?

What do you think of the dancing? 您认为这个舞蹈怎么样?

I enjoyed every bit of it. 好极了!

I enjoyed every minute of it. 这个节目从头到尾我都很欣赏。

I find the sets and costumes splendid. 我认为布景、服装都精彩极了。

I thought the whole thing was first - rate. 我认为全部表演从头到尾都是一流的。

Lighting and background music were used and the stage was very beautiful. 灯光和背景音乐非常好,舞台也很漂亮。

I was very interesting and thrilling! 非常有趣而动人！

But what a magnificent spectacle! I'm sure you'll enjoy it. 场面多宏伟啊！你一定会喜欢的。

What's the show we' re going to see tonight? 今晚我们去看什么节目？

It's Huaxia music and dance, It's Chinese traditional music and dance. 看华夏乐舞，这是中国传统的音乐舞蹈。

Will you show me to my seat? 请领我到座位上去，好吗？

When does the curtain rise? 什么时候开演？

It's about 8 o' clock. 8:00 左右。

When does the curtain fall? 什么时候演完？，

It should be 10 o' clock. 10:00 左右。

What do you think of it? 您觉得演得怎么样？

It was marvelous. 精彩极了。

That's nothing. 没关系。

You are welcome. 不用谢(别客气)。

You are most welcome? 您太客气了。

It's my pleasure. 我很乐意做。

My pleasure. 我很乐意。

I'm pleased to be at your service. 我很乐意为您服务。

Could you give me some idea of the amount of tip? 您能告诉我小费大约给多少合适吗？

How much do I have to give for a tip? 我得给多少小费？

No, thanks, we don't accept tips. 谢谢，我们不收小费。

I'm sorry, Sir. 先生，对不起。

I'm awfully sorry, Madam. 夫人，很抱歉。

I'm afraid I spilled wine on the tablecloth. 对不起，我把酒洒在桌布上了。

I'm sorry for giving you the wrong dish. 对不起，给您上错了菜。

Sorry. 对不起。

Excuse. 请原谅。

I beg your pardon. 请原谅，请再说一遍。

Never mind. 别介意。

Just forget it. 别介意。

Excuse me for interrupting you. 请原谅，打搅您了。

Certainly, Go ahead. 当然，请说。

Hope you don't mind. 希望您别介意。

May I be Excused, Sir? 先生，可以走开一会儿吗？

I'll be right back. 我马上回来。

I'm sorry, I want to make a phone call. 对不起，我想去打一个电话。

Where is the phone? 电话在哪儿？

On the reception, please. 在接待台。

You speak fluent English. 您的英语很流利。

Thank you. My English is not enough. 谢谢,我的英语还不够好。

You do speak pretty good English. 您的英语说得确实很好。

Thank you. That's very kind of you. 谢谢,太好了。

Have a good time in China. 希望您在中国过得愉快。

四、专用术语及名酒名称

(一)专用术语英汉对照

mix 兑和法

stir 调和法

shake 摇和法

blend 搅和法

twist 挤拧

dash 抖

drop 滴

float 漂浮

float on top 飘在上面

mix 混合

long drinks 长饮

short drinks 短饮

Qantity(QTY.) 数量

Base 基酒

ingredient 成分

method 方法

garnish 装饰

some 少许

pc 个

bartender 调酒师

barmaid 女调酒师

manager 经理

waiter 服务员(男性)

barman 酒吧男招待

barmaid 酒吧女招待

(二)酒吧基酒中英对照

Brandy 白兰地

Cognac 干邑

Armagnac 雅文邑

V. S. O. P. Remy Martin V. S. O. P. 人头马

X. O. Remy Martin X. O. 人头马
Remy Martin LouisXIII 人头马路易十三
Remy Martin Napoleon 人头马拿破仑
Club De Remy Martin 人头马特级
X. O. Hennessy X. O. Cognac 轩尼诗干邑
V. S. O. P. Hennessy V. S. O. P. 轩尼诗
Martell Medaillon 金牌马爹利
Martell Cordenblue 蓝带马爹利
Whisky 威士忌
Scotch Whisky 苏格兰威士忌
Johnnie Walker Black Lable 黑方
Johnnie Walker Red Lable 红方
Johnnie Walker Blue Lable 蓝方
Johnnie Walker Gold Lable 金方
Chivas Regal 芝华士
Glenfiddish 格兰菲迪
Royal Salute 21 years 皇家礼炮 21 年
Ballantine's 12/17/21 years 百龄坛(12,17,21 年)
Irish Whisky 爱尔兰威士忌
John Jameson 占美臣
RYE Whisky 黑麦威士忌
Canadian Club 加拿大俱乐部
V. O. Seagram's V. O. 施格兰
Bourban Whisky 波本威士忌
Jim Beam Whisky 占边
Jack Daniel's 杰克丹尼
Four Roses Whisky 四朵玫瑰
Gin 金酒
London Dry Gin 伦敦干金
Gordon's 哥顿
Gilbey's 钻石
Beefeater 必富达
Seagram's Gin 施格兰金
Rum 朗姆酒
Bacardi Rum 百家得
Captain Morgan B/W Rum 摩根船长
Myers 美雅士
Vodka 伏特加

Findandia 芬兰伏特加
Stolichnaya 红牌伏特加
Moskovskaya 绿牌伏特加
Smirnoff 皇冠伏特加
Absolut Vodka 绝对伏特加(瑞典产)
Tequila 特基拉酒
Jose Cuervo White Tequila 豪帅快活(银快活)
Jose Cuervo Gold Tequila 豪帅快活(金快活)

附录二：葡萄酒的补充知识

一、葡萄酒的种类、划分及营养价值

葡萄酒是以新鲜葡萄或葡萄汁为原料，经酵母发酵酿制而成的酒精度不低于7%（V/V）的各类酒的总称。按酒的色泽，葡萄酒分为红葡萄酒、白葡萄酒、桃红葡萄酒三大类，但在市场上很难看到桃红葡萄酒。根据葡萄酒的含糖量，分为干红葡萄酒、半干红葡萄酒、半甜红葡萄酒和甜红葡萄酒。按酒的二氧化碳压力来分，葡萄酒包括无气葡萄酒、起泡葡萄酒、强化酒精葡萄酒、葡萄汽酒和加料葡萄酒。

法国葡萄酒酒质分为：普通日用餐酒（Vins de Table）、乡村酒或地区餐酒（Vins de Pays）、优良品质餐酒（VDQS：Vins Deimites de Quealite Supenieure）、原产地法定区域管制餐酒（AOC：Appellation d,ongin Controlee）。

德国葡萄酒划分为：日常饮用餐酒（Landwein & Tafelwein）、优质酒（Qualitatswein bestimmter Anbaugebiete）（简称 QbA）、高级优质酒（Qualitatswein mpt Pradikat）（简称 QmP）。

美国葡萄酒分为：附属类、专属品牌酒（Proprietary Wine）、葡萄品名餐酒（Varietal Wine）。

勃艮第酒分级为：区域酒（只标示产区，如 Bourgogne）、村庄级酒（在酒标上应标示村庄名，如 Chablis Macon Village、Cham bolle – Musigny）、一级酒（酒标上应标示村庄及葡萄园名或者“ler Gru”、“Premier Cru”）、特级酒（此类酒不会标示村庄名，有时也不标示“Grand Cru”，通常只会标示葡萄园的名称，如 Montrachet、Musigny、La Tache）。

意大利酒的等级划分为：一般日常酒（Vind da Tavola）、原产地区域管制酒（DOC：Denominazione de Origine Controllate）、原产地区域保证酒（DOCG：Denominazione de Origine Controllate Garantita）。

葡萄酒是由葡萄汁（浆）经发酵酿制的饮料酒。它除了含有葡萄果实的营养外，还有发酵过程中产生的有益成分。研究证明，葡萄酒中含有200多种对人体有益的营养成分。其中包括糖、有机酸、氨基酸、维生素、多酚、无机盐等。这些成分都是人体所必需的，对于维持人体的正常生长、代谢是必不可少的。特别是葡萄酒中所含的酚类物质——白藜芦醇，是近几年来研究的特点。它具有抗氧化、防衰老、预防冠心病及防癌、抗癌的作用。每天适量饮用葡萄酒者，心脏病死亡率是不饮酒者的30%，患痴呆症和早衰性痴呆症的概率为不饮酒者的25%。

二、葡萄酒调色、调香的品种

酿制调（染）色葡萄酒的优良品种，有烟74、晚红蜜、红汁露、巴柯等。其中烟74原产于中国，1966年张裕公司用紫北赛和汉堡麝香杂交育成，现胶东半岛栽培较多。烟74是目前最优良的调色品种，颜色深且鲜艳，长期陈酿后不易沉淀。红汁露原产地也是中国，系用梅鹿辄和味儿多杂交育成。该酒呈深宝石红色，味醇厚、纯正，陈酿后色素不易沉淀，后味正，特别适于作为调色品种。

三、葡萄酒的命名

1. 区域命名法

欧洲古老的产酒区多以此种方式命名。例如，法国波尔多区（Bordeanx）及其辖内著名的产区美道（Medoc）、圣爱米伦（St. Emilion）、玻玛络（Pomero）、索坦（Sauterens）、格拉夫（Grayes）、勃艮第区（Burgundy）及其辖内的夏伯力（Chablis）、宝酒利（Beaujolais）、纽·圣乔治（Nuits - St - George），另有意大利的巴罗洛（Brolo）、巴巴瑞斯可（Barbaresco）、阿斯提（Asti）、香堤（CHIANTI），德国的彼斯波特（Piesporter）、圣约翰（Johannisberg）等。

2. 葡萄品种命名法

许多国家的葡萄酒均以葡萄品种来做酒名，如此较容易辨别。这种命名方式大多是新兴的产酒区，如澳洲、加州、美洲等地采用。例如，白富美（Fume Blanc）、卡伯纳·苏维翁（Cabernet Sauvignon）、皮诺·诺瓦（Pinot Noir）、夏多内（Chardonnay），当然，欧洲产酒区也有用葡萄品种来命名的，例如，法国阿尔萨斯的葡萄酒就用葡萄品种来命名，如蕾斯琳（Riesling）等。

3. 酒厂或酒商名称命名法

有的酒厂以自己的厂名为其葡萄酒命名，例如，Ch. Margaux、Ch. Lafite. Ch. Latour、Ch. Montelena、Niebaum Coppala Rubicon、Dominus、Opus one。

除此之外，还有商标（专属品牌）命名法等其他命名方式。

四、中国的葡萄产地及世界葡萄产区

（一）中国葡萄产地

在我国北纬250～450度广阔的地域里，分布着各具特色的葡萄、葡萄酒产地，但由于葡萄生长需要特定的生态环境，同时地区经济发达程度也有差异，这些产地的规模较小，较分散，多数在中国东部。

1. 东北产地

东北产地，包括北纬45度以南的长白山麓和东北平原。这里冬季严寒，温度在－30℃～－40℃，年活动积温为2567℃～2779℃，降水量635～679mm，土壤为黑钙土，较肥沃。在冬季寒冷的气候条件下，欧洲种的葡萄不能生存，而野生的山葡萄因抗寒力极强，已成为这里栽培的主要品种。

2. 渤海湾产地

渤海湾产地，包括华北北半部的昌黎、蓟县丘陵山地、天津滨海区、山东半岛北部丘陵和大泽山。这里由于近渤海湾，受海洋的影响，热量丰富、雨量充沛，年活动积温为3756℃～4174℃，年降水量有560～670mm，土壤类型复杂，有砂壤、海滨盐碱土和棕壤。优越的自然条件使这里成为我国最著名的酿酒葡萄产地。其中昌黎的赤霞珠，天津滨海区的玫瑰香，山东半岛的霞多丽、贵人香、赤霞珠、品丽珠、蛇龙珠、梅鹿辄、佳利酿、白玉霓等葡萄，都在国内负有盛名。渤海湾产地是我国目前酿酒葡萄种植面积最大、品种最优良的产地。葡萄酒的产量占全国总产量的1/2。

3. 沙城产地

沙城产地，包括河北的宣化、涿鹿、怀来。这里地处长城以北，光照充足、热量适中、昼夜温差大、夏季凉爽、气候干燥、雨量偏少，年活动积温3532℃，年降水量413mm，土壤为褐色，质地偏砂，多丘陵山地，十分适于葡萄的生长。龙眼和马奶葡萄是这里的特产，近年来已推广赤霞珠、梅鹿辄等世界酿酒名种。

4. 清徐产地

清徐产地，包括山西的汾阳、榆次和清徐的西北山区。这里气候温凉、光照充足，年活动积温3000℃～3500℃，降水量445mm，土壤为壤土、砂壤土、含砾石。葡萄栽培在山区，着色极深。清徐的龙眼是当地特产，近年的赤霞珠、梅鹿辄也开始用于酿酒。

5. 银川产地

银川产地，包括贺兰山东麓广阔的冲积平原。这里气候干旱、昼夜温差大，年活动积温3298℃～3351℃，年降水量为180～200mm，土壤为砂壤土、含砾石，土层有30～100mm。这里是西北地区新开发的最大的酿酒葡萄基地，主栽世界酿酒品种赤霞珠、梅鹿辄。

6. 武威产地

武威产地，包括甘肃武威、民勤、古浪、张掖等位于腾格里大沙漠边缘的县市，也是中国丝绸之路上的一个新兴的葡萄酒产地。这里气候冷凉干燥，年活动积温2800℃～3000℃，年降水量110mm。由于热量不足、冬季寒冷，适于早中熟葡萄品种的生长，近年来已发展了梅鹿辄、黑品诺、霞多丽等品种。

7. 吐鲁番产地

吐鲁番产地，包括低于海平面300米的吐鲁番盆地的鄯善、红柳河。这里四面环山、热风频繁，夏季温度极高，达45℃以上，年活动积温5319℃，雨量稀少，全年仅有16.4mm。这里是我国无核白葡萄生产和制干基地。十几年前，著名葡萄酒专家郭其昌在这里试种了赤霞珠、梅鹿辄、歌海娜、西拉、柔丁香等酿酒葡萄。虽然葡萄糖度高，但酸度低、香味不足，干酒品质欠佳，而生产的甜葡萄酒却具有西域特色，品质尚好。

8. 黄河故道产地

黄河故道产地，包括黄河故道的安徽萧县，河南兰考、民权等县。这里气候偏热，年活动积温4000℃～4590℃，年降水量800mm以上，并集中在夏季。因此葡萄旺长，病害严重，品质低。近年来一些葡萄酒厂新开发的酿酒基地，通过引进赤霞珠等晚熟品种，改进栽培技术，基本控制了病害的流行，葡萄品质有望获得改善。

9. 云南高原产地

云南高原产地，包括云南高原海拔1500米的弥勒、东川、永仁和川滇交界处金沙江畔的攀枝花，土壤多为红壤和棕壤。这里的气候特点是光照充足、热量丰富、降水适时，在上年的10～11月至次年的6月有一个明显的旱季，降水量为329mm（云南弥勒）和100mm（四川攀枝花），适合酿酒葡萄的生长和成熟。利用旱季这一独特小气候的自然优势栽培欧亚种葡萄，已成为西南葡萄栽培的一大特色。以上9个产地是经历了几十年发展才逐步形成的，它构筑了21世纪我国酿酒葡萄产地的基本框架。

（二）世界葡萄产区

1. 法国

波尔多区（Bordeaux）：曾经有人这么说："如果没有喝波尔多葡萄酒，就无法成为葡萄酒专家。"波尔多酒享誉全世界，红酒不浓不淡，细腻而不会有太浓的酒精味，颜色多呈美丽的红宝石色泽，且上佳的红葡萄酒具有愈陈愈好的特质。主要产区为：梅多克区（Médoc）、圣爱米伦（St－Emilion）、玻玛络（Pomerol）、格拉夫（Graves）、索泰尔讷（Sauternes）。

勃艮第(Burgundy / Bourgogne):其与波尔多区(Bordeaux)的不同之处,是波尔多葡萄酒大都是由数种不同的葡萄品种酿制,而勃艮第葡萄酒几乎都是由同一葡萄品种所酿造;此外,在波尔多区,所谓(Grand Cru)特级酒,是由1855 Medoc Grand Cru分级系统制定出来的(当然St - Emilion及Graves也制定有所谓Grand Cru),而勃艮第的特级酒是依产区葡萄园来制定的。主要产区为:夏布利(Chablis)、黄金山坡(即歌德区)(Côte d'Or又分为Côte de Nuit、Côte de Beaune)、马岗区(Mâconnais)、博若莱区(Beaujolais)。

2. 意大利

意大利最有名且产量较多的地区有:皮蒙(Piemonte),其中以Barolo Barbaresco最著名;威尼托(Veneto),以Amarone Valpolicella、Soave为其代表;托斯卡纳(Tosecana)、草包酒香提(Chianti)是其招牌。有名的代表为Vino Nobile di Montepulcaino、Brunello di Monta - lcino。

3. 西班牙

西班牙是世界上葡萄种植面积最大,但平均面积葡萄最少的国家,产酒量世界排名第三。西班牙葡萄酒给世人的感觉就像意大利酒一样“大众化”。20世纪70年代才有了西班牙自己的“AOC”,即:Instituto Nacional de Denominacioe de Origen,简称DO,规定了酒的原产地及品质。里欧哈(Rioja)是西班牙的“波尔多”。因19世纪的蚜虫之害,许多原本在波尔多区的葡萄种植者,远离家园来到里欧哈(Rioja),重建葡萄园,重新酿酒,所以,此地以产波尔多类型的酒为主,只是葡萄品种及酒的陈放不尽相同罢了。1991年又建立了比DO规定更加严格的DOC(Denomination de Origen Calificada)。

4. 澳洲

澳洲有良好的土壤条件及稳定的气候,是一个优秀的新兴产区。其葡萄酒产量占世界的2%,约5500万箱产量,近三成出口。原以生产强化酒精葡萄酒为主,但近30多年来改为大量生产不甜的一般餐用酒。因地处南半球,季节与北半球正好相反,每年二三月为其葡萄采收期,所以比欧美各产区的葡萄酒提早半年上市,如果你在当年买到当年的澳洲葡萄酒是不足为奇的。在澳洲葡萄酒最有特色的是Blend Wine,它勇于创新、大胆尝试采用前人所没尝试过的调配方式。如,以卡伯纳(Caberent)与席哈(Syrah)来调配出优良的葡萄酒。另外,它也出产很好的强化酒精葡萄酒,当然它也生产了很多优秀的葡萄酒,如,席哈(Syrah)、又如,最有名气的Grange Hermitage,其他,如卡伯纳、苏维翁(Caberent Sauyignon)、夏多内(Chardonnay)、塞米荣(Semillon)等,也都有杰出的表现。

5. 德国

德国共有13个特定葡萄种植区,大多在西南部,是地处较高纬度的葡萄种植区,阳光不足、夏天短暂,所以,有80%的葡萄园在面河的山坡地,以便吸收较多的阳光。主要的特定葡萄园集中在莫斯尔(Mosel)及莱茵河(Rhen)地区。一般来说,莫斯尔的酒果酸较强、较清爽;莱茵河的酒较浓郁。

6. 美国

美国是全美洲最大的产酒国,也是一个葡萄酒的科技大国,凭其独特的地理位置、稳定的气候、先进的科技及高超的行销手段,短短30年间在国际市场上俨然成为新兴的优良产酒区。其中,加州所产的葡萄酒不论品质还是数量,均居全美国第一。加州葡萄酒约占全美国九成的产量。其葡萄种植主要分布于中央谷地、南部海岸。其中，又以北海岸的那帕山谷（Napa Valley）、索诺玛山谷（Sonoma Valley）最具知名度。大多数名牌酒庄（Boutique Winery）均在此处。近年来，美国也参考欧洲的区域管制法制定了一套所谓的法定葡萄种植区。

五、葡萄酒与酒杯的搭配

要欣赏葡萄酒的色、香、味，一只正确、合适的酒杯是十分重要的，并赖以将酒送到口中。一方面，一只好的酒杯应该薄身、无花纹、无色而透明，并要有高脚，同时，为了令葡萄酒能舒适地呼吸，杯的容量必须够大；另一方面，当酒被摇动时，香味能集中在杯口。饮红葡萄酒用波尔多酒杯（像郁金香的花球或初开的莲花）、勃艮第酒杯（杯口比较窄，像植物的球茎）。品酒用的高脚杯应该是无色透明，杯身呈郁金香形状，杯口微微收缩，杯壁以薄者为上乘，长长的杯柄，让手指得以轻轻拈握，不致将手纹印上杯身影响观察酒的透明度，同时也避免将手的温度传到杯中。

标准酒杯的杯口直径为 46 ± 2mm，杯体最宽的部分直径为 65 ± 2mm，杯体长为 100 ± 1mm，杯壁直径为 0.8 ± 1mm，杯柄长 49 ± 1mm，杯底直径为 65 ± 2mm。

六、葡萄酒与食品的搭配

葡萄酒是一种佐餐酒，特别是干型葡萄酒，通常是在进餐或宴会时饮用。由于酒种特点的不同，可与菜肴进行科学搭配，以更完美地体现葡萄酒的感官风格。干红葡萄酒色呈宝石红，优美悦目、酒香浓郁、酒体丰满，由于它含有一定的酚类物质，干浸出物较高，因此配以红烧肉、牛排、鸡、鸭等肉类菜肴会得到更好的享受。干红葡萄酒，一方面可以解除肉的油腻感，而且可使菜肴的滋味更加浓厚，同时由于干红葡萄酒优美的颜色，更增加了朋友聚会的喜庆气氛。红葡萄酒配红肉，符合烹调学自身的规则。葡萄酒中的单宁与红肉中的蛋白质相结合，使消化几乎立即开始。尽管新鲜的大马哈鱼、剑鱼或金枪鱼由于富含天然油脂，能够与体量轻盈的红葡萄酒搭配良好，但红葡萄酒与某些海鲜相搭配时，如多弗尔油鳎鱼片，高含量的单宁会严重破坏海鲜的口味。葡萄酒自身甚至也会带上令人讨厌的金属味。各种沙拉通常不会对葡萄酒的风格产生影响，但如果其中拌了醋，则会钝化口腔的感受，使葡萄酒失去活力，口味变得呆滞平淡。柠檬水是最好的选择。这是因为，其中的柠檬酸与葡萄酒的品格能够协和一致。奶酪和葡萄酒是天生的理想组合，只需注意不要将辛辣的奶酪与体量轻盈的葡萄酒相搭配，反之亦然。辛辣或浓香的食品配酒可能有一定难度，但搭配辛香型或果香特别浓郁的葡萄酒，可算是找对了伴侣。巧克力有时也对葡萄酒口味有不利的影响，有些人宣称配陈年的赤霞珠葡萄酒能够获得成功。班费巴切托得阿奎葡萄酒配巧克力，尤其是黑巧克力效果极佳，令人欣喜。这款意大利葡萄酒果香细腻而爽脆，恰到好处的天然酸度足以平衡巧克力的馥郁与香甜，同时又使口腔保持舒适的清爽与洁净。葡萄酒没有硬性规定某一种酒一定要搭配某一种食物，但如果能与食物做适当的搭配，那真是相得益彰。因为葡萄酒能涮清味蕾、诱出食物的美味，而适当的食物又可使葡萄酒之美表现得更加淋漓尽致，真是一种味觉的享受。一般大众化的原则，是红肉配红酒、白肉配白酒，但偶尔做些大胆尝试，也可以有新的发现。一般来说，味道重的菜肴须用味道浓郁的酒来搭配，不一定要跟从红肉配红酒、白肉配白酒的原则。有时，如重口味的红烧鱼也可搭配清淡的红酒，口味较重的家禽类食物也可配浓郁的白酒及清淡一点的红酒。

饮用葡萄酒的顺序为，先喝清淡的酒，再喝浓郁的酒；先喝不甜的酒，再喝甜酒；先喝白酒，再喝红酒；先喝年轻的酒，再喝成熟的老酒。

七、葡萄酒的标签

标签包含了非常多的关于酒的信息。按照国家和地区的规定,有些内容是必须写上的,特别是涉及酒的等级归属,例如,是餐桌酒或是属于产地命名监督机构(AOC)认可的酒,原产地、酒精含量、生产厂家的名称和地址等。制造年份不是必须的,但是高质量的酒从来都是标明的。背签包含的信息比标签更丰富,包含对酒和生产厂家的地域的准确描述。在有些国家,一些注解是必须的,例如,酒精的含量是必须印在背签上的,进口商和销售商要将这些翻译为当地语言以适应不同的市场需求。

酒标签(Winelabel),相当于酒的身份证。其中,包括酒庄的名称、酒的名称(或不需要)、葡萄酒的品种、酒的容量、酒精度、哪个国家的出品、生长的年份、在哪里封装入瓶等。还有图案,在以往,这多是酒庄的标志,特别是封建社会所流传下来的贵族标志、皇室御用标志,或者是酒庄的风景与建筑物等。

1. 法国酒标签

法国酒标签,包括原产地产区管制证明、装瓶酒商、创设年份、酒商所在地、装瓶容量、酒商名称、酒名、所有者的厂徽、酒精含量百分比。

2. 法国波尔多(Margaux)酒标签

法国波尔多酒标签,包括酒名、葡萄生产年份、装瓶容量、酒品质分类、装瓶酒商、原产地产区管制证明。

3. 德国酒标签

德国酒标签,包括酒名、酒精含量百分比、酒品质分类、装瓶容量、葡萄品种及等级、葡萄生产年份、产区、生产者所在地。

4. 美国酒标签

美国酒标签,包括生产者和装瓶者酒厂名称、酒名、葡萄生产年份、产区、酒精含量百分比、原产地。

5. 美国(那帕)酒标签

美国(那帕)酒标签,包括厂名、酒名、酒精含量百分比、生产者和装瓶者及其所在地、产区。

6. 标签上的法定内容

所有葡萄酒的标签上在标明原产国的同时,也必须标明酒精含量和净含量。进口葡萄酒的净含量是用标准公制标出的,并与认定的规格一致。所有的标签都必须标明进口商、生产商的名称与地址。加利福尼亚的葡萄酒既要标明装瓶者的名称与地址,又要标出生产许可证号。只有美国葡萄酒要求标明所用葡萄种类的名称。

7. 法国葡萄酒标签

法国葡萄酒标签上的大量信息,可以了解到葡萄酒的基本质量。这种标签提供了细致的信息——产地命名制所要求的最低质量标准。产地命名制与确切限定的葡萄酒产区有关。产地的名称越小,对葡萄栽培方法和葡萄酒生产的规定就越严格。除产地和种植园的名称外,酒标上还要标有酒商和进口商的名称。这些信息可以了解葡萄酒的质量。

8. 德国葡萄酒标签

德国葡萄酒标签对质量的说明非常详细,包括产区及其大小,质量说明及其所用葡萄的成熟程度。标签看起来很复杂。

9. 意大利葡萄酒标签

意大利葡萄酒标签提供了很多关于本酒的信息。1967 年通过的法律法规对某些葡萄酒说明做了规定。这些都是仿效法国的做法,但是没有对葡萄酒作出细致的分类。

意大利的葡萄酒规划体系 Denominazione di Origine Contro llata(D. O. C.),是经过政府认定的,并且对葡萄酒产区进行限定。对于几种葡萄酒来说,葡萄酒规划体系确保了其生产的最低标准。高质量的葡萄酒,其名称,如 Chianti(勤地)或所用的葡萄种类名称,如 Barbera(巴伯拉),或其 D. O. C. 名称均可体现出它的产地。并不是所有的葡萄酒产区都是经过 D. O. C. 限定的,但美国市场上高质量的意大利产葡萄酒大多数都是由 D. O. C. 限定的产区出产的。如果一种葡萄并不是以地区名称命名的,那么由它酿制的葡萄酒很可能特性不够鲜明。Denominazione di Origine Contro llata(D. O. C.)是意大利葡萄酒中的最高等级,只有生产最高质量的葡萄酒的地区才能被授予此称呼。

10. 美国葡萄酒标签

美国葡萄酒标签上的法律限定的用语,对辨别质量优劣的葡萄酒不会有很大帮助。而一些用语,如 Reserve、Special Reserve、Vintner's Reserve 等,并不含有法律限制意义,因此,中等葡萄酒或低质葡萄酒均可使用。与法国、意大利、德国不同,美国的葡萄酒产区只是从地理意义上进行限定,而对于葡萄品种、产量或葡萄酒生产方法并不进行限制。因此,美国的葡萄酒标签并不能帮助人们选择高质量的葡萄酒。要区分某一产区(如那帕谷)的两种葡萄酒,就必须了解葡萄酒生产商。虽然有些地区名声比较好,但是小地区精心酿制的葡萄酒可能会比某个名声较好的地区大量酿制的葡萄酒的质量好得多。对于美国葡萄酒而言,有一条规则,就是"买主自行小心",因为我们的政府并无意制定规则帮你了解哪些酒更好。

八、葡萄酒的酒瓶及换瓶

1. 酒瓶

直到 17 世纪,葡萄酒还是存放在木桶或陶罐里。把酒装在玻璃瓶子这种容器里的办法,既方便了存储又方便了运输。为了使酒能水平放置(这样有利于酒的熟化),瓶子逐渐由开始的圆肚形演化成了今天的细长瓶形。现在高质量的葡萄酒通常是装在传统型厚重的瓶子里,特殊的瓶形则常是商业性需求的结果。大部分葡萄酒产区使用各具特色的瓶形,这与其所盛装的各种不同的酒的熟化条件不无关系。例如,需存放的时间长短和沉淀的多少等,由于无色的瓶子不能保护酒不受到光线的侵害,因此,它的使用率比有色的瓶子要低,某些瓶形,像波尔多瓶和勃艮第瓶,已被世界各地采用,主要是用来装与波尔多酒和勃艮第酒相类似的产品。葡萄酒瓶通常为深绿色或棕色,为的是要使葡萄酒免受日光照射。棕色酒瓶比绿色酒瓶更具保护力。

葡萄酒瓶的认识:

瓶封:通常以纸、塑料、锡合金等材质制成,气泡酒会用铁丝罩住木塞并缠绕在瓶口,而瓶封的颜色,有时也会代表不同的酒,以勃艮第酒为例,有些酒商会以黄色瓶封代表白酒、红色瓶封代表红酒。

瓶肩:瓶肩的倾斜角度,会因不同风格的酒而形式有所不同。例如,波尔多酒是高肩瓶,而勃艮第酒则是斜肩的胖胖瓶。

容量:标准的瓶子虽然外形有所不同,但一般容量却都是750ml。在德国很多是700ml的。

瓶底:瓶底凹不凹,均不会影响酒质,也与品质没有关系,但凹底瓶通常会暗示这瓶酒可以被陈放。因现在的酿酒技术,可将杂质过滤得很干净,所以有很多酒商会用平底酒瓶来包装,以节省包装体积及运费,因为瓶底凹度愈深,瓶子就愈高,包装体积也会增大许多。但也有酒商反过来将一般日常饮用的餐酒用深凹底瓶来包装,使酒留给人一种好的形象以促进销售。由于深凹底瓶比较高,而一般人都是比较喜欢高挑的"身材",因此会给人一种"这就是高级葡萄酒"的感觉(其实是错觉)。但凹底瓶对气泡酒(尤其是香槟)是非常重要的。

瓶子的颜色:通常会因产区及类型不同而有所不同。例如,德国白酒,棕色酒瓶是代表莱茵河区(Rhein)的酒,绿色酒瓶是代表莫斯尔河区(Mosel)的酒。

酒瓶的尺寸:酒瓶的大小会影响葡萄酒的品质。大型酒瓶中的葡萄酒比小型酒瓶中的葡萄酒更可保持新鲜度,大型酒瓶可使葡萄酒的老化速度减缓,但这也是其缺点,因酒成熟速度太慢了,所以要耐心等待她的"长大"。

葡萄酒瓶的基本形状:

克莱尔特瓶(Claret):克莱尔特瓶,也称波尔多红葡萄酒瓶(Red Bordeaux)。其瓶壁平直、瓶肩呈尖角状。这一形状的酒瓶用于盛装波尔多型葡萄酒(Bordeaux)及波尔多生产并装瓶的葡萄酒。波尔多红葡萄酒(Red Bordeaux)、苏特恩葡萄酒和格拉夫葡萄酒都使用这种有尖角的酒瓶。加利福尼亚的某些特种葡萄酒,如,卡百内索维农酒、墨尔乐酒、白索维农酒、塞米翁酒和津芬德尔酒,也都属于波尔多型葡萄酒。

勃艮第瓶(Burgundy):通常,比克莱尔特型酒(Claret)更醇、香味更浓的葡萄酒装入勃艮第瓶中。这种酒瓶瓶肩较窄,瓶形较圆。加利福尼亚的勃艮第型葡萄酒——夏敦埃酒和黑比诺酒,均装入此瓶中出售。西班牙和意大利较为浓烈的葡萄酒(如,巴罗洛葡萄酒Barolo和巴巴莱斯科酒Barbaresco)也用不同的勃艮第瓶包装。

霍克瓶(Hock):德国霍克瓶,又高又细,呈棕色。它的一种变体为绿色的摩泽尔瓶(Mosel)。德国的传统规则,是莱茵葡萄酒装入棕色瓶,而摩泽尔酒则装入绿色瓶,虽然并非百分之百如此,但却仍可以此作为可靠的依据。大部分阿尔萨斯产的葡萄酒酒瓶与霍克瓶形状相似。许多加利福尼亚的雷司令酒、杰乌兹拉米的酒和西尔瓦那酒(Sylvaner)的酒瓶形状也与霍克瓶相似。霍克酒瓶遍布世界各地,但要注意,这种酒瓶并不一定反映其内部葡萄酒的种类及质量。

香槟酒瓶(Champagne):这种香槟酒瓶是勃艮第瓶的一种,与同类瓶相比更大、更坚实。通常,瓶底凹陷,瓶壁较厚,可以承受碳化过程产生的压力。瓶塞是一个7层闭合式设计,一旦塞入瓶颈中便可将酒瓶严密封实。

夸脱瓶(Magnum):葡萄酒瓶除形状不同,其容量也不同。标准瓶容量为750毫升,大约为4/5夸脱。最常见的瓶容量为375毫升,即半夸脱瓶,和2夸脱瓶(1.50升),相当于两个标准瓶的容量。一个双倍2夸脱瓶(3升)其容量相当于4个标准瓶。一个相当于6个标准瓶容量的葡萄酒瓶,称为杰罗勃(Jeroboam);一个相当于8个标准瓶容量的酒瓶,称为伊姆佩里(Imperiale)。

2. 换瓶

如果是老葡萄酒,瓶身太脏,可以换瓶,换过瓶后,将原来的酒瓶先置于换好的新瓶旁,然后即可移走,以免影响用餐的气氛。当然,年轻的酒也可以换瓶,换瓶的好处是:可以增加酒与空气接触的面积,减少醒酒的时间;去除葡萄酒的沉淀物;可以使酒给人的感觉变得更高级一些,尤其是当使用的是一个美丽高级的水晶瓶时。

换瓶的步骤:

(1)先准备一支蜡烛或者其他的光源,如电灯泡等,再备一个美丽的水晶瓶或其他透明的瓶子,也可以用白兰地、威士忌的水晶瓶或其他材质的美丽瓶子,既实用又环保,一举两得。

(2)打开葡萄酒,注意尽量不要转动瓶身,以免瓶底的沉淀物泛起。

(3)右手(或左手)将葡萄酒拿起,置于烛光上方,透过光线可以清楚地看到酒中的沉淀杂质,当确定杂质均已沉淀到瓶底时,再慢慢地将澄清的酒液倒入准备好的水晶瓶中。

(4)倒到最后仍会有一些有沉淀杂质的酒留下来,这些是必须舍弃的,即使在餐厅用餐中点了酒,而侍者换瓶之后,将酒瓶取走时,也可以发现瓶内还有一些酒,千万不要误会他是要拿去自己喝哦!如果想滤干净所有的酒,那就必须求助于细滤网或滤纸了。

什么葡萄酒需要换瓶?

一般来说,陈年成熟的老酒由于单宁形成粗重的分子,而形成沉淀物,所以需要换瓶,以免喝到沉淀的杂质。虽然沉淀的杂质对人体没有什么害处,但会破坏喝葡萄酒的情趣。年轻的酒为增加酒与空气接触的面积,缩短醒酒的时间(特别是那些重单宁的年轻红酒),以及为散除异味也可以换瓶,除红酒需要换瓶外(一般的白酒较少换瓶),有年份的波特酒(Vintage Porto)也常需换瓶。陈年成熟的老酒,香味是非常珍贵的,所以尽可能不要太早换瓶,有时香味可能会因换瓶增加了酒液与空气接触的面积及时间而消失。不过,可确定的是,换过瓶的酒,通常会给人一种这是高级酒的感觉。

九、品酒知识

1. 场所

品酒的场所最好选在采光良好、空气清新、气温凉爽的房间内。有色的玻璃窗或带色彩的灯光,都会影响眼睛对酒色的判断,都不太理想,室温以摄氏18℃~20℃为佳,红葡萄酒饮用温度:淡雅的红酒约在12度,酒精稍高的约在14~16度,口感丰厚的约在18度,但最高不应超过20度。因为温度太高,会让酒快速氧化而挥发,使酒精味太浓,气味变浊;而太冰又会使酒香味冻凝而不易散发,易出现酸味。室内应避免有任何味道,香水味、香烟味、花香味或厨房传出来的味道,都应该避免。另外,还需要具备白色的背景,最好采用白色的桌巾和餐巾,以便衬在酒杯的后面,观察酒色。

2. 时间

理想的品酒时间是在饭前。品酒之前最好避免先喝烈酒、咖啡、吃巧克力、抽烟或嚼槟榔,专业性的品酒活动,大多选在早上10:00~12:00之间举办,据说这个时段,人的味觉最灵敏。

3. 开酒

优美的开瓶动作是一种艺术。在国外,酒侍开葡萄酒是一种专业的表演。其专业演出及其服务水平可以决定他的收入。开酒时,先将酒瓶擦干净,再用开瓶器上的小刀(或用切瓶封器)沿着瓶口凸出的圆圈状的部位,切除瓶封,注意,最好不要转动酒瓶,因为可能会将沉淀在瓶底的杂质"惊醒"。切除瓶封之后,用布或纸巾将瓶口擦拭干净,再将开瓶器的螺丝钻尖端插入软木塞的中心(如果钻歪了,容易拔断木塞),沿着顺时针方向缓缓旋转以钻入软木塞中,如果是用蝴蝶形的开瓶器,当转动螺丝钻时,两边的把手也会缓缓升起,当手把升到顶端时,只要轻轻将其往下按即可将软木塞拔出(但如果软木塞太长,就很难一次将其顺利地拔出来)。如果是用所谓的“侍者之友”专业开瓶器,建议不要将螺丝钻一次全钻进去,可留下一环(因为可能不知道软木塞的长短,如果一次性把螺丝钻全钻到底,会穿过木塞,将软木屑洒到酒内),然后将手把按下,把另一个支撑点支撑在瓶口,用左手握住,再用右手将手把直直地“提起来”(注意:是“提”而不是推,推很容易将软木塞推断。另外,提也会比较省力,因为施力臂愈长愈省力)。如果发现软木塞太长,无法顺利拔出时,请先停止,将所预留未钻入的最后一环钻体再钻入,重新再“提”一下,等到软木塞感觉快拔出时就要停住,用手握住木塞,轻轻晃动或转动,轻轻地、安静地、缓缓地拔出木塞。再用布或纸巾将瓶口擦干净,就可以倒酒了。

4. 醒酒

为什么需要醒酒?所有的葡萄酒都需要醒酒吗?葡萄酒的香气通常需要一些时间才能明显地发散出来,所以一般好酒道的人,都会按例在开瓶后等一段时间,长短要视葡萄酒的“体质”而定,尤其是一些味道比较复杂、重单宁的酒,更需要长的时间醒酒。年轻的酒,醒酒的目的,是消除异味及杂味,并与空气发生氧化;老酒醒酒的目的,是使成熟且封闭的香味物质经氧化发散出来,不同的是,老酒可能会因年老体弱,比年轻的酒容易“感冒”。比方说,老酒开瓶之后可能第二天以后就会明显过于氧化及醋化,而年轻的酒可能过了 3 天身体依然健朗。通常老酒的醒酒时间比年轻的酒短(但不是绝对如此),厚重浓郁型的酒比清柔型的酒所需的时间要长,至于浓郁的白酒及贵腐型的甜白酒,最好也花一点时间醒酒。

但如果仅仅只是打开软木塞,就整瓶直立着,这样的醒酒实无太大的作用,因为此时酒与空气的接触面只有瓶口大而已。这样的醒酒费时漫长,因此,至少应该倒一些在杯子里,然后轻摇,这样对酒味的散发有很大的帮助,在旋转晃动时,酒与空气接触的面积也就加大了,加速氧化作用,让酒的香味更多地释放出来。一般即饮型的红、白酒,可以不必花太多的时间醒酒,建议一开瓶即可倒入酒杯饮用,有时候可能会有臭硫味(SO_2)及一些异味出现,但只需几分钟就会散去。二氧化硫是制酒过程中的附加物,对人体无害,如果隔些时间仍有异味,那就可能是这瓶酒的酒质有问题了。

5. 辨酒

葡萄酒的颜色应该是清澈、有光泽的,不应该是混浊不清的,凭借葡萄酒色泽深浅的差异,可判断出这瓶葡萄酒的成熟度,最好在阳光下,而且尽可能在白色的背景前观察酒的颜色,通常红葡萄酒愈老颜色愈浅,愈年轻颜色愈深。紫红色是很年轻的酒(少于 18 个月);樱红色是不新不老的酒(2 ~ 3 年),品质适宜现喝,不宜久藏;草莓红色是已经成熟的酒(3 ~ 7 年),开始老化,应现喝;褐红色是名贵好酒储存多年后的色泽,普通酒如果呈现这个颜色就可能是品质已走下坡了。

葡萄酒的黏度:当转动玻璃杯中的酒时,可观察留在杯壁上的酒滴,业内人士称之为“泪”或“腿”,酒的糖度和酒精度越高,这种酒滴越明显。

杯裙:红葡萄“杯裙”的色泽较复杂,从玫瑰红经过棕色和橘黄色到蓝紫色。其大部分取决于使用的葡萄品种,但是酒的生产年代和地域也影响酒的颜色。红酒越熟化越清澈,倾斜杯子观察酒的边缘:或深或浅,都表明了酒的年龄,深红色的酒说明产地的气温较高。

6. 闻酒

第一次先闻静止状态的酒,然后晃动酒杯,促使酒与空气(尤其是空气中的氧)接触,以便酒的香气释放出来，再将杯子靠近鼻子前，再吸气，闻一闻酒香，与第一次闻的感觉作比较，第一次的酒香比较直接和轻淡，第二次闻的香味比较丰富、浓烈和复杂。酒香可分葡萄本身所发散出来的果香（不单只有葡萄的果香）、发酵时所产生的味道，以及好葡萄酒成熟后转变成的珍贵而复杂、丰富的酒香（Bouquet）。葡萄酒中含数百种不同的气味，一般分成五类。第一类是植物香味，主要属陈年香味；第二类是动物性香味，是耐久存的红酒，经过常年的瓶中培养后出现的香味；第三类是花香味，是年轻的葡萄酒中比较常有的香味，久存之后会逐渐变淡、消失；第四类是水果香味，这是年轻、新鲜的葡萄酒中常有的香味，随着储存时间的延长，会变成较浓重的成熟果香；第五类是香料香味，是来自橡木桶的香味，大部分则属于葡萄酒成熟后发出来的香味。

闻酒时，应探鼻入杯中，短促地轻闻几下，不是长长地深吸，闻闻酒是否芳香，是否有清纯的果香或气味粗劣、闭塞、清淡、新鲜、酸、甜、浓郁、腻、刺激、强烈或带有诱惑的羞涩。

7. 尝酒

口味：甜味、酸味、酒精及丹宁，是构成葡萄酒口味的主要元素，葡萄酒在口中的质感分为丰厚或是清淡，丹宁和酒精是否配合，香味和温度是否合适，有没有葡萄酒本身的甜度和干度。品尝时有四种重要的资讯：“甜、酸、涩、余味”。

品尝方法：

（1）让酒在口中打转，或用舌头上下、前后、左右快速搅动，这样舌头才能充分品尝三种主要的味道：舌尖的甜味、两侧的酸味、舌根的苦味；整个口腔上颚、下颚充分与酒液接触，去感觉酒的酸、甜、苦涩、浓淡、厚薄、均衡协调与否，然后才吞下，体会余韵回味；或头往下倾一些，嘴张开成小“O”状，此时口中的酒好像要流出来，然后用嘴吸气，像是要把酒吸回去一样，让酒香扩散到整个口腔中，然后将酒缓缓咽下或吐出，这时，口中通常会留下一股余香，好的葡萄酒余味可以持续15～20秒。一般而言，越好的葡萄酒香味越持久，同时香味种类也越丰富，特别是一些耐久存的老酒，余香可在口中历久不散。

（2）具体一点：将酒杯举起，杯口放在嘴唇之间，并压住下唇，头部稍往后仰，就像平时喝酒一样，但应避免像喝酒那样酒依靠重力的作用流入口中，而应轻轻地向口中吸气，并控制吸入的酒量，使葡萄酒均匀地分布在平展的舌头表面，然后将葡萄酒控制在口腔前部。每次吸入的酒量不能过多，也不能过少，应在6～10ml之间。酒量过多，不仅所需加热时间长，而且很难在口内保持住，迫使人们在品尝过程中，特别是当一次品尝酒样较多时摄入过量的葡萄酒。相反，如果吸入的酒量过少，则不能湿润口腔和舌头的整个表面，且出于唾液的稀释而不能代表葡萄酒本身的口味。除此之外，每次吸入的酒量应一致，否则，在品尝不同酒样时就没有可比性。当葡萄酒进入口腔后，闭上双唇，头微向前倾，利用舌头和面部肌肉的运动，搅动葡萄酒，也可将口微笑或张开，轻轻地向内吸气。这样不仅可防止葡萄酒从口中流出，还可使葡萄酒蒸气进到鼻腔后部。在口味分析结束时，最好咽下少量葡萄酒，将其余部分吐出。然后，用舌头舔牙齿和口腔内表面，以鉴别尾味。根据品尝的目的不同，可将葡萄酒在口内保留2～5秒，亦可延长为12～15秒。在口内保留2～5秒情况下，不可能品尝到红葡萄酒的丹宁味道，如果要全面、深入地分析葡萄酒的口味，还是应将葡萄酒在口中保留12～15秒为好。

十、葡萄酒的储存

（1）酒瓶必须斜放、横躺或倒立，以便酒液与软木塞接触，以保持软木塞的湿润。

（2）理想的储酒温度在10℃～16℃，温度愈低，成熟愈缓，湿度约在60%～80%，但湿度超过75%时酒标容易发霉。

(3)恒温比低温更重要。要远离热源,如厨房、热水器、暖炉等。将储酒置于比理想温度高5℃~10℃的恒温处,远比忽热忽冷温差大的地方要好,所以,如果没有理想的储酒设备,又想买些酒放着慢慢饮用品尝,可以用报纸、尼龙等材料包装起来。这样可减少外界温度变化的影响,然后装箱,再找最凉爽且不受日照影响的地方来储藏。

(4)避免强光、噪声及震动的伤害。

(5)避免与有异味、难闻的物品,如汽油、溶剂、油漆、药材等放置在一起,以免酒吸入异味。

十一、葡萄酒常用词(英汉)

A:

Acidity 酸味;指葡萄酒的酸性成分含量。

Acerbe 不够成熟、生涩的。

Abbau 过于老化,酒质已过巅峰,开始走下坡了。

Abgang 葡萄酒在口中残留的余味、余韵。

Agressif 单宁太重了,令人撅嘴。

Annee 法文指年份。

Aroma 指葡萄新鲜的果香、芳香。

Aftertaste 余韵。

B:

Balance 形容酒的口感非常均衡、协调。

Bestimmtes Anbaugebiet 简称 BA,指德国特定优质酒产区,在德国共有 13 个。

Blanc de Blanc 白之白,是由白葡萄酿制的白酒(尤指香槟酒)。

Blanc de Noirs 由红葡萄品种所酿的白酒。

Body 葡萄酒的浓稠度,通常指酒中的糖分、酒精浓度及单宁成分的含量。

清淡型的称为(Light Bodied),浓郁型的称为(Full Bodied)。

Bouchonne 酒中有木塞味。

Bouquet 香气浓郁,指葡萄酒经陈年成熟后所产生的酒香。

Bright 色泽清澈、无杂质,富有光泽。

C:

Chambrieren 回温。

Clairet 淡红酒,色泽较淡的红酒,但非玫瑰红酒。

Complet 浓郁、饱满。

Corked 劣质的木塞味。

D:

Delicate 指细致的清淡酒。

Depot 酒中的沉淀物。

Distinctive 有独特风味的优质酒。

Dry (法文 Sec,德文 Trocken,意文 Seclo)不甜。

E:

Earthy 原产地的特殊土壤气味。

Elegant 指均衡、优雅香气及口感。

Extra dry（香槟酒）稍带甜味的。

F:

Feminine 优美、柔和，适于女性。

Finesse 细腻的口感，有特性。

Firne 太老的白酒，失去新鲜，色泽混浊。

Flat 平淡无味，没有气泡的气泡酒。

Flowery 带有花香。

Fruity 带有丰富果香的新鲜葡萄酒。

Fresh 年轻的新酒，新鲜的。

H:

Heavy 厚重，指酒精度高，浓郁。

Hard 单宁过重。

L:

Light 清淡，通常指年轻，易饮型的酒。

Lively 含少量气泡，有活力的新鲜酒。

M:

Masculine 浓郁有特色，具男性的粗犷。

Meaty 口感香醇，绵密。

Mellow 柔软如丝绒，带有回甜。

Musky 有麝香味的。

N:

Nose 形容成熟的果香以及新鲜的果香。

O:

Oak 橡木制的。

Oxidized 过分氧化。

P:

Passed 过了新鲜期，过老的。

R:

Refreshing 清爽，带有丰富可解渴的果酸，应趁年轻饮用的 Light Wine。

Rich 口感浓郁、丰富。

Robust 结实、饱满、高酒精、浓郁均衡的酒。

Round 圆润、调和、滑顺的葡萄酒。

S:

Semi - dry 微甜，带有甜味的。

Samtig 糖分和酸度均衡恰到好处。

Sec（法文）不甜，尤指含糖量在3% ~5%的香槟酒。

Soft 均衡、柔顺。

Schal 形容老化而且已走味的葡萄酒。

Spicy 带有香料味，如肉桂、丁香、香草、胡椒等。

Spiel 口味富有变化，层次多变，丰富质佳的酒。

T：

Tendre 柔顺、清淡、容易接受。

Thick 浓郁、醇厚。

Tuile 酒已逾巅峰，经氧化产生棕红色。

Tannin 单宁。

V：

Vanilla 香草味，不是葡萄酒本身的味道，而是来自陈化用的橡木桶。

W：

Woody 有杉木、香柏、甘草等木质味。

Y：

Young 年轻的，指年轻即饮型的酒。

十二、葡萄酒的主要质量指标

葡萄酒的主要质量指标，大体可分为感官指标和理化指标两大类。感官指标，主要指色泽、香气、滋味和典型性方面的要求；理化指标，主要指酒精含量（酒精度）、酸度和糖分指标。从感官指标来看，首先，要求葡萄酒应具有天然的色泽，即原料葡萄的色泽。如，红葡萄酒是宝石红、白葡萄酒是浅黄色。葡萄酒本身应清亮透明、无混浊。葡萄酒除应有葡萄的天然果香外还应有浓厚的酯香，不应有外来的气味，更不能有异味。滋味与香气密切相关，香气优良的葡萄酒其滋味醇厚柔润。葡萄酒的滋味主要有酸、甜、涩、浓淡、后味等。典型性也称为风格。各种葡萄酒有各自不同的风格。同时，因地区、因厂家葡萄栽培和酿造工艺的不同，同一品种的酒，其风格、特点也可能各不相同。每种葡萄酒均应有自己的典型性，典型性越强越好。我国葡萄酒国家标准对感官指标有明确的规定。葡萄酒的理化指标也因酒种的不同而有所不同。测定葡萄酒所含的酒精量时，需将酒中的酒精蒸馏出来，再用酒精计测定。一般甜型、加香型葡萄酒酒精度为11.0% ~24.0%；其他类型葡萄酒为7.0% ~13.0%。葡萄酒中含有挥发酸和不挥发酸，合称总酸。甜型、加香型葡萄酒不挥发酸含量为0.08 ~5.0克·升-1；其他类型葡萄酒为5.0 ~7.5克·升-1。挥发酸含量均不应超过1.1克·升-1。根据葡萄酒的酸度，可以鉴定其滋味，但如挥发酸增加，则说明酒已变质。葡萄酒的糖分因品种不同而各异，一般为9% ~18%，个别也有20%以上的。具体来说，干型葡萄酒的糖分含量不得超过4.0%；半干型葡萄酒糖分含量在4.1% ~12%之间；半甜型葡萄酒糖分含量在12.1% ~50%之间。葡萄酒的主要质量指标为专业性评酒提供了依据，尤其是感官品评，是目前国内外鉴定葡萄酒品质的主要手段。

十三、年份、气候及土壤与葡萄酒

除了葡萄品种会影响一瓶葡萄酒的味道及特性之外，年份的不同、年度气候的好坏、阳光日照数的多少、土壤的差异、种植的方式、葡萄株的年龄、采收的成熟度及采收方式、酿造方法等，都会影响到葡萄酒的寿命、特性及口感，因为葡萄是一种需要特定生长条件的农作物，它的生长环境也有一定的限制。在这些条件中，种植方法、葡萄株的年龄及采收、酿造方式，均可用人为的方式来改变。只有年份、气候及土壤是人力所难以改变的。不管是红酒还是白酒，无论是哪一种葡萄品种，年份越好的葡萄酒，其寿命就越长，特性也就愈能强烈表现出来（除非运气不佳或人为的糟蹋）。但好年份不一定就能大量生产，相反的，年份较弱通常较早成熟易饮，而且价格也较合理（便宜）。其实，年份的主要功能在于说明这瓶葡萄酒的年龄有多大，是年轻还是年老。世界上绝大部分的葡萄酒均应趁早饮用。有很多以往生产需长时间陈化成熟的葡萄酒厂，现在也都改产早熟型的葡萄酒，以适应全世界的消费需求。年份的好坏，最大差别在于其日照数、降雨量及平均温度。其中，影响最大的应属日照。葡萄的生长季节及成熟时期均需阳光的照射。有适当的阳光照射，才会使葡萄成熟到糖分与酸度达到最佳的均衡状态，而糖分与酸度的均衡与否，则是决定葡萄酒是普通、优秀或特优的主要因素。当然，有了足够的阳光照射，红酒所需的单宁质感也会愈佳，而白酒呢？则需要足够的酸度来支撑其质感及活泼性。因此，白酒可以不需要太多日照。所以白酒的好年份比红酒的好年份多。话说回来，一瓶上好年份的、耐久存的好酒，是需要耐心地、长时间地等待的，让其成熟度达到巅峰，酒香味道才会发散出来。如果太早饮用，可以说是一种浪费。倒不如买些一般年份或较弱年份的酒来品尝。一般来说，好的厂商酿制出来的酒，品质应该不会差很多，而且也可以早一点享用。最重要的一点，一般年份较弱的酒，通常价钱都比较合适，如果不是要长期储存的话，不妨试一试。

附录三:威士忌的名酒补充介绍

苏格兰威士忌。

家豪威士忌 CARDHU。

尊荣极品威士忌 SWING。

尊尼获加黑方 JOHNNIE WALKER BLACK LABEL。

尊尼获加红方 JOHNNIE WALKER RED LABEL。

白马威士忌 WHITE HORSE。

登喜路苏格兰威士忌。

麦卡伦苏格兰威士忌(单一麦芽威士忌)。

威雀苏格兰威士忌 THE FAMOUS GROUSE。

高原骑士单一麦芽威士忌 Highland Park。

1. 苏格兰威士忌

苏格兰威士忌,只在苏格兰酿制,由麦芽发酵经蒸馏而成,最少于木桶内酿藏3年;由麦芽或谷物所制,或两者混合调制而成。

苏格兰威士忌有两大类:一是麦芽威士忌,由大麦芽发酵经蒸馏而成。二是谷物威士忌,由大麦芽混合谷物发酵后,经过蒸馏而成。而最畅销的苏格兰威士忌,则是混合麦芽和谷物而成的威士忌佳酿。

现有的单纯威士忌数以百计,而且没有一种是相同的,原因是酿制方法中有不少窍门,再加上不同的水质、当地的气候、蒸馏器的设计和蒸馏的技术等,均足以形成酒味的差异。所以,如何把多种威士忌混合得恰到好处,却不会突显某一种单纯威士忌的味道,实在是一种高深的艺术。

当不同的威士忌混合后,仍要等候它们"结合"一段时间方可入瓶。混合各种威士忌之目的,是要产生最高素质的一贯酒质,芬芳气味得以持续散发。

刚蒸馏而成的新酒是无色无味的,而且不宜入口,必须经数年窖藏,去其火性,方会醇厚芳香。一些酒厂把曾载些厘酒的木桶盛载威士忌,遂使威士忌变得金黄,但另一些酒厂则使用橡木桶,因而酒色淡黄。威士忌需要经过酒精浓度及色泽的试验才可入瓶。

2. 尊尼获加(JOHNNIE WALKER)红方和黑方(RED LABEL AND BLACK LABEL)

1820年,尊尼获加在苏格兰的基尔马诺克开了一间杂货店,并开始兼售他尝试调配的苏格兰威士忌,随着铁路交通日渐发达,他精心调配的威士忌因而远近闻名,在海外市场异常畅销。

1908年,尊尼和他的孙儿委托当时一位画家,为这位公司创办人绘画塑像。戴着绅士帽子、眼镜,手中持杖,脸带微笑的尊尼获加肖像,便成为全球知名度最高的商标之一了。与此同时,红方和黑方亦告推出,其方瓶、斜形酒标,在今天享誉全球。

红方,是全球最畅销的苏格兰威士忌,混合了约40种不同的单纯麦芽威士忌和谷物威士忌,于橡木酒桶内蕴藏成熟后入瓶。究竟红方是哪些单纯威士忌混合酿成,以及混合了多少种单纯威士忌,是一个绝大的秘密。但这种出色的调配,却使每一瓶红方都具备独特的味道,享誉全球。红方有一种特殊的芳香,原因是在掺和过程中,以塔星斯加麦芽酒为主体。

黑方,亦是全球首屈一指的高级威士忌,由优质的单纯麦芽威士忌调配而成,而且要在严格控制的环境中窖藏最少12年,才酝酿出这种独一无二极其香醇的佳品。一般人可能会误认为黑方的酒味与红方大同小异,事实上,黑方比较芬芳醇和、麦芽味较浓,确是值得细意品尝的。

3. 家豪威士忌

在19世纪末,尊尼获加公司购入了家豪,当时家豪所出产的单一威士忌,已成为调制红方和黑方的主要成分。其实,家豪高地纯麦芽苏格兰威士忌,是采用太阳晒干的麦芽,沾上了泥炭气息,再加以储藏酿制而成的。酒质能保留原有特色,因而享有盛名。家豪威士忌的芳香和酒质,皆取中庸之道,恰到好处,入口甘甜、留香绵长,若是刚开始欣赏单纯麦芽威士忌的人士,这确实是最理想的尝试。至于那些已遍尝威士忌名酿的人士,便会视家豪威士忌为多年良伴。

4. 尊荣极品威士忌

尊尼获加公司在20世纪20年代初推出尊荣极品威士忌,销售对象主要是欧洲绅士富豪。当时他们常乘坐一级豪华油轮往来于大西洋两岸,尊荣"不倒翁"式的酒瓶,实际上是为了风浪而设计,使酒瓶在大西洋的波涛之中不易倾倒。这种设计为乘客平添了不少乐趣,加上尊荣极品威士忌醇厚而珍贵,赢得豪门富户的推崇和赞赏也便不足为奇了。自此,尊荣极品威士忌便一直成为最受欢迎的威士忌之一。

5. 白马威士忌(WHITE HORSE)

白马威士忌不仅享誉全球,在苏格兰亦有悠久历史,由著名威士忌制造商J. L. Mackie公司一名创办者的后人,巧妙地混合了约40种单纯威士忌而调配酿成。至于白马之名,则来自于苏格兰爱丁堡一间著名的古朴旅馆。在各种品牌威士忌中,白马威士忌被誉为乡土气息最浓厚的,特别是酒香方面,那股乡土芬芳,是嗅觉和味觉的最大享受。白马威士忌风行日本,价格便宜,在世界各地很多市场甚受欢迎。

6. 登喜路苏格兰威士忌

登喜路苏格兰威士忌,是选用最高品质的原料,遵循最传统的酿制技术,再经过精心独特的混配,调制而成的高级苏格兰威士忌。

苏格兰威士忌依据其使用原料的不同,可分为两大类:一类,是经过麦类发酵而酿制的麦芽威士忌;另一类,则是由谷类酿制而成的谷类威士忌。然而,这两种威士忌都是由位处寒冷潮湿的苏格兰地区的蒸馏酒厂所酿制出来的,并且每一家酒厂所酿制的威士忌都有独特的口感和特色。

在经过蒸馏的步骤后,威士忌酒被储存在密封的橡木桶中,静静地进行陈年过程。而每一种威士忌陈年时间的长短都不尽相同。因此,唯有高明的酒窖大师凭其丰富的经验及高超的技巧,才能判断各种不同威士忌最佳的陈年期限而加以挑选出来进行混配。

登喜路苏格兰威士忌,是由酒窖大师经过严格的筛选后,挑选出30种风味不同的威士忌,依据其各自具有的独特风味精心混配调制而成,也因此而创造了苏格兰威士忌中无可比拟的酒中珍品。

7. 麦卡伦苏格兰威士忌(单一麦芽威士忌)

麦卡伦酒厂坐落在俯瞰靠近 Graigella - chie 的 Spey 小山丘上,自从 18 世纪末开始酿制威士忌酒,当时住在小山丘上的一位农夫用自己种植的大麦酿制威士忌。

大约在同时,此地一个庄园的领主宅邸便作为招待私人访客的场所,如每一瓶麦卡伦威士忌包装盒所印制的图案所示,希望能给人们威士忌"城堡"的感觉,借以中和人们对功能取向的蒸馏酒厂较深刻的印象。

据说,麦卡伦是在 1824 年酒品合法生产的早期,首度得到当局的许可酿酒。1892 年,麦卡伦由一个家族接手,一直到今天,此家族仍然拥有该企业的多数股份。

麦卡伦股票于 1966 ~ 1968 年上市,因此,能支付大量陈年酿造库存所需要的资金及以后数十年业务发展计划的需求。每一回的拓展都包括建造新的酿酒厂,使公司在不改变每座蒸馏铜锅大小的情况下,仍然可以使公司的产量增加。

麦卡伦企业在混配酒商间早已遐迩闻名,后者常用麦卡伦作为混配酒中画龙点睛用的纯麦威士忌酒。而在 1960 年,麦卡伦纯麦酒只有在斯配塞才能购得。虽然大部分的麦酒留作混配用,但是,麦卡伦企业家的新生代管理者决定用单一麦酒必须也成为销售推广的主力。

麦卡伦此种单一麦芽威士忌于 1980 年在英国上市。麦卡伦也和其他单一麦酒的同行一样,严格控制公司以外的装瓶数目。麦卡伦单一酒品上市后取得成功,该企业前任董事长 Allan Schiach 居功至伟,成为麦卡伦企业家族中的新代表者。

麦卡伦一再地在国际酒品大赛中夺标,因而赢得"纯麦威士忌酒中的劳斯莱斯"之美誉。从该公司与众不同的小型蒸馏器,以及坚持采用雪莉酒桶陈年过程的种种原则,麦卡伦刻意保留传统酿造方法,成为散发雪莉酒香威士忌的代表之作。

8. 威雀苏格兰威士忌(THE FAMOUS GROUSE)

18 世纪末,Matthew Gloag 家族于苏格兰皮尔斯(Perth)创立了一家独树一帜的烈酒制造厂。其中最具有代表性的就是口感异常顺滑的"威雀苏格兰威士忌"。

每当英国皇室远赴苏格兰狩猎威雀(Grouse)时,必定携带 Gloag 威士忌作为御寒及狩猎成功庆祝之用。至 Gloag 家族第三代(约 19 世纪末),家族当权者就决定将"威雀(Grouse)"作为其威士忌酒的品牌。

当 Gloag 威士忌日渐流行,深受欢迎后,其名称也正式演变为"THE FAMOUS GROUSE SCOTCH WHISKY"。现今苏格兰仍然非常流行狩猎威雀,其盛况正如同威雀苏格兰威士忌,在苏格兰仍然保持其领导品牌一样。

目前,威雀苏格兰威士忌是属于苏格兰地区最负盛名的 HIGHLAND DISTILLERS CO,LTD 集团旗下的产品之一。该集团在中国内地销售的产品多为:威雀苏格兰威士忌(The Famous Grouse Scotch Whisky)、金雀苏格兰威士忌(The Famous Grouse Gold Reserve 12yr Scotch Whisky)、天威苏格兰威士忌(The Famous Grouse Prestige Deluxe Scotch Whisky)。

在 1999 年,Highland Distillers,Remy Cointreau 及 Jim beam 世界三大酒类集团,于 3 月 30 日宣布,将成立一经销联盟合资公司。该全球性销售联盟的成立,更加奠定了威雀苏格兰威士忌在全球的领导品牌地位。

根据1998年International Drinks Bulletin的调查统计，威雀苏格兰威士忌本年度之销售成长超过10%，排名为全世界苏格兰威士忌之一，在苏格兰本地为第一品牌，拥有超过20%的市场占有率；在全英国排名第二，占13%的市场占有率。

注：威雀(Grouse)是一种栖息于山区的鸟，其色泽为红棕色带浅灰，与栖息地的自然景观非常接近。

9. 高原骑士单一麦芽威士忌

奥克尼群岛(Islands of Okreny)位于苏格兰东北角外海，是一列绿意盎然、土地肥沃的群岛。这列群岛被清亮蔚蓝的海水所环绕，所在海域不仅蕴藏着丰富的鱼种，岛上还栖息着许多野生鸟禽，纷列着5000年前的史卡拉弧状岩石(Skara Brae)及古老的麦豪(Maes Howe and Midhowe)石室等历史遗迹。

地球最北端的苏格兰威士忌酿酒厂就设在这里。它就是高原骑士(Highland Park)。这里原本是建于公元1790年的一座教堂，平时由教会的长老马革尼安森将走私来的酒藏在讲道坛中以避人耳目，而成为当时最有名的威士忌走私基地。

品尝过高原骑士(Highland Park)12年份单一麦芽威士忌后，很难忘记它的悠久风味，个中原因，就在于奥克尼群岛的泥炭地床，每次酝酿威士忌所使用的泥炭量都要经过谨慎的测量，味道更胜一筹。也由于吸收数世纪以来散布其间的盐分，因此，让威士忌增添了一种草根与石南花的独特风味。

高原骑士(Highland Park)12年份单一麦芽威士忌，以缓慢而温和的过程，至少在橡木桶中保存了12年，让火热的酒精发酵成熟，确保原麦风味更臻完美。品酒专家麦可克森曾赞叹高原骑士的风味为“纯麦威士忌中的天生赢家”，并在其书中给予高原骑士以90分的极高评价。

附录四:白兰地的名酒补充介绍

1. 马爹利干邑

“马爹利”这个名字历史悠久,可以远远追溯至18世纪早期。

1715年,年仅20岁的尚·马爹利从泽西岛来到了干邑地区,建立了今天最古老的干邑酒厂。从那时起,马爹利干邑就开始了其向世界每个角落传播的漫漫历程,逐渐成为一个极具价值的世界品牌。

两个世纪前“马爹利”的先锋们远涉重洋、勇于开拓的精神,今天仍然保持在马爹利后辈们的身上,就像他们的祖辈,满怀坚定的信念和信心去追求新的目标。马爹利对卓越品质的不懈追求,使它成为干邑酒中的经典。

许久以来,深远代表着马爹利干邑独特的品质。作为一个引人入胜和不断进取的品牌,马爹利留给人们的是更多的探索与发现。通过几个世纪的不断钻研与探索,马爹利形成了其独一无二的酿酒专长。它对酿酒艺术的不懈追求,造就了其芳香飘逸、回味深远的卓越口味。

马爹利干邑对历史与酿酒专长的不懈秉承和激情奉献,也造就了它独树一帜的卓然品味和启发灵感的独特个性——执著。

马爹利源于男人对生活和事业的勇敢面对及不懈开创,对于他们来说,自信而独立地挑战生活和事业上的一个个目标,已经成为一种毋庸置疑的行为风格。

所以,马爹利始终倡导领先、自主、创新而不拘一格。作为一个著名品牌,马爹利始终坚信一点——源于历史,开创潮流。

彰贵尊荣的金王马爹利:

传说古时有一位天神,化作黄金下凡到人间,追求其向往之爱情。美好的传说象征着人类永恒而珍贵的梦想。而黄金则是传说中备受咏赞的金属。

只因为黄金亘古不变的坚贞,将贪婪灵魂对尊贵与富裕的诱惑一一拒绝。

干邑,是耐心追求完美的结晶,是富庶也是尊荣的代表,唯因拥有惊世傲俗的干邑,白兰地才得以永垂不朽。

现今,马爹利家族为了和您分享一个美好的梦,特别将完美的干邑与永恒的黄金相结合,正如同锲而不舍的淘金者及细品慢琢的调酒师,用行动来谱出人类的传奇史一般。而马爹利酒厂也为理想、为崇高的愿望创出了举世珍藏的干邑——金王马爹利。

非凡成就马爹利(X.O):

积累8代珍贵酿酒经验,精选上佳葡萄,经悉心调酿而成的马爹利(X.O),成为马爹利家族280多年酿酒艺术的结晶、X.O中的极品。

贵乎内涵的蓝带马爹利:

蓝带马爹利干邑,是马爹利酒厂独有的杰出干邑,是一种酒味香醇,色调丰厚的特级干邑白兰地,也是全球最受欢迎的高级干邑佳酿之一。

独特风格的名士马爹利:

名士马爹利,是传统与现代完美结合的典范,其轻盈的瓶身设计充满了现代动感;内含的佳酿却是8代相传的经典技艺的结晶。

酒逢知己的金牌马爹利:

金牌马爹利,是法国四大干邑产区佳酿调配的结晶。其色泽圆润、丰满,韵味成熟、芳香,充满力量和质感,跻身于"醇厚优质干邑"系列。

2.人头马干邑

人头马(V.S.O.P):

级别:特优香槟干邑。

说明:恰到好处的酝酿期,V.S.O.P是Very Superior Old Pale的简称,人头马(V.S.O.P)可以说是此级干邑中世界公认的参考标准。

品尝:由于储存在林茂山橡木内,此干邑具有诱人的金黄琥珀色泽,带有清淡的香草和林茂山橡木味。

花香:紫罗兰、玫瑰、青柠檬。

果香:杏、桃。

特色:带有钵酒、榛子和甘草的香味,醇和优厚,香味可在口中持续2~3分钟。

人头马(CLYB):

级别:特优香槟干邑。

说明:酝酿期极长,香气甜美的人头马(CLYB)特优香槟干邑,是一种非常香醇的香槟干邑,由于在于林茂山橡木内贮存的时间较长,因此,色泽有深厚的琥珀色和浓郁的橡木香。

品尝:酒质深厚有力,香味幽雅且多样化,有香草、钵酒及橡木味。

花香:干燥花香。

香料味:胡椒、肉桂。

特色:带有烤杏仁和榛子的香味,入口醇和浓郁而富有弹性,余味可在口中持续5分钟以上。

人头马(X.O):

级别:特优香槟干邑。

说明:酝酿期长的X.O醇和,香味浓郁,由于经过长期酝酿,让橡木桶的强烈香味与特优香槟干邑花香互相融合而达到完美无缺的效果。这是许多酒窖大师毕生追求的目标,也是人头马许多优秀的酒窖大师多年配合的完美成果。

品尝:深金黄色或琥珀色,带红晕的色调,通透如水晶,并散发细微的水仙和茉莉花香,兼具钵酒新鲜胡桃的多种香味。清淡、幽雅的橡木香味夹杂了香草和巧克力的味道,还有杏和无花果般的甜美果香和番红花的香料味道。

特色:入口非常香醇,长年累月使其内涵丰富,达到完美和谐的境界。

人头马(EXTRA):

级别:特优香槟干邑。

说明:人头马(EXTRA)酝酿期极长,精练浓郁、内涵丰富的EXTRA是上乘的特优香槟干邑。

其酒味浓郁细腻、酒香醇厚出众，带出精致的品位。这也是许多调酒大师倍加赞誉的超级完美的境界。

品尝：金亮的咖啡色、火红色，明亮而深沉。细致的香味包括茉莉、水仙、胡桃、橡木、钵酒和番红花。

特色：有细致的干果味道，如杏、无花果、杏仁，似成熟的葡萄。余味可持续30分钟以上。

人头马金色年代：

级别：特优香槟干邑。

说明：细致、醇和、浓郁，是特优香槟干邑的顶峰。该酒经过两代酒师精心挑选大小香槟区的“生命之水”，由第三代酒窖大师精心调配，再加上长年的陈酿，便成为“金色年代”。

品尝：深金黄色、深金黄杏仁色、火红色。它带有茉莉和玫瑰般浓郁细致的香味，隐约散发荔枝的果香并具有浓郁的钵酒香味，同时，还有雪茄、番红花、肉豆蔻的味道。

特色：带有密糖和生姜的特点，香味浓郁，可萦绕于鼻内一段较长时间，味道细致、完美、醇和，达到酒味与香味互相配合的完美效果，余味可持续40分钟以上。

人头马路易十三：

级别：大香槟干邑。

说明：纯以干邑区中心地带“大香槟区”的“生命之水”调制而成，陈酿时间以几十年计算，系各调酒大师毕生精力之作，堪称最上乘的干邑，同时，美酒美瓶，相得益彰。人头马路易十三，不但是美酒鉴赏家梦寐以求的绝顶佳品，其由法国巴卡拉（BACCARAT）玻璃厂手工打造的水晶玻璃瓶，更是一件不可多得的艺术精品。

品尝：深金黄色、火红色，清澈无瑕，散发强烈的芳香，一如钵酒、胡桃、水仙和茉莉香味，隐约中又带有百香果和荔枝的果香。

特色：其橡木香夹杂了香草味和雪茄香味。饮家也不难查鸢尾花、紫萝兰及玫瑰的幽雅香味和树脂香。香醇的林茂山橡木，令酒味在口中持续不散，并转变成檀香木的味道。香味和酒味都极端细致，余味可持续一个小时以上。

3. 干邑白兰地

法国干邑区所特产的白兰地，由一种淡白酒经两次蒸馏而成，储藏于橡木酒桶中熏陶成熟，混合不同年份及不同产地的“生命之水”。

轩尼诗干邑白兰地，可以倒进白兰地酒杯中净饮（不加水），或倒进平底水杯中加冰或水品尝。在吃中国菜时，可将其用于佐餐，饭后饮用有助于消化。无论何时何地干邑白兰地都是馈赠之贵重礼品。

所有干邑都是白兰地，但是，并非所有白兰地都是干邑。

根据法国联邦鉴定的标准，“干邑”必须是在法国干邑区蒸馏的葡萄白兰地酒，那里约25万亩得天独厚的砂垩土，加上温和气候，成为最适宜种植葡萄的理想环境。

9公升白酒经过两次蒸馏程序后，只能酿制成1公升干邑白兰地。蒸馏器皆以红铜所制，其基本设计500年来未变。每次蒸馏需长达12小时，经过第二次蒸馏后的酒，法国人称之为“生命之水”，但辛辣的新酒还要经过悠长岁月的熏陶久藏，才能配以干邑白兰地的美名。

木桶在藏酒过程中担当了一个重要角色，只有在法国特定的森林区专为酿酒而种的坚实橡木，才会制成酿酒桶。虽然酒窖甚为阴凉，但随着干邑白兰地储藏年份日久，在橡木桶挥发的酒也越多,行内俗称之为“仙女飞升”。

曾任法王爱尔兰旅军官的李察·轩尼诗,便是在1750年选择了这块土地来发展。他所创建的公司,成为全球最大的干邑白兰地生产厂商。

轩尼诗除了自种葡萄和蒸馏制造新酒外,亦向独立的种植者及生产商购入葡萄和新酒,但这些葡萄必须产自四个最佳的种植区。产自各区的干邑白兰地,年份不同,特色也各异,但都糅合了轩尼诗个人的独特风格。为了使产品保证一流水准,试酒师随时试上百次,才能调出美酒,这是极其普通的情形。

轩尼诗杯莫停(HENNESSY PARADIS):

在葡萄丰收年中,轩尼诗家族通常会特别精藏数桶极品干邑白兰地,因而建立了一个已近200年历史的珍贵酒窖。轩尼诗家族在1979年决定,利用这些宝贵资源调制成最香醇的干邑白兰地——轩尼诗杯莫停。被选制轩尼诗杯莫停的“生命之水”,年份由50~100年不等,再储藏在橡木桶内,遂使轩尼诗杯莫停具有一种独特的清冽和芳香。

轩尼诗X.O(HENNESSY X.O):

X.O干邑白兰地近年来已普遍有X.O的级别,但事实上,这种级别最初是专为轩尼诗家族所享用。X.O所代表的含义就是“特陈”,其设计独特的酒瓶,是特别为这种芳香佳酿而设的,于1947年方始推出。轩尼诗X.O酒质醇厚芳香,选配10~70年期的“生命之水”。

长颈干邑白兰地(F.O.V):

长颈干邑白兰地于1908年在上海面市,最初的目标是上海市场,但很快便成为亚洲干邑白兰地之佼佼者。长颈干邑白兰地采用上佳的葡萄酿制,故酒质清冽甘香,并带有怡人的原野香草气息。除酒味甘香外,长颈干邑白兰地尚有一个特色,便是其装潢华丽,匠心独运的樽型,使其得享“长颈”之名。

策划编辑：丁海秀
责任编辑：张　毅

图书在版编目(CIP)数据

酒吧服务实训教程/牛晓斐,潘勇主编. -北京:旅游教育出版社,2009.6(2023.8重印)
旅游专业精品实训教材
ISBN 978-7-5637-1837-5

Ⅰ.酒…　Ⅱ.①牛…②潘…　Ⅲ.餐厅-商业服务-职业教育-教材　Ⅳ.F719.3

中国版本图书馆CIP数据核字(2009)第075451号

旅游专业精品实训教材
酒吧服务实训教程
牛晓斐　潘　勇　主编

出版单位	旅游教育出版社
地　　址	北京市朝阳区定福庄南里1号
邮　　编	100024
发行电话	(010)65778403 65728372 65767462(传真)
本社网址	www.tepcb.com
E-mail	tepfx@163.com
排版单位	北京旅教文化传播有限公司
印刷单位	北京虎彩传播有限公司
经销单位	新华书店
开　　本	787毫米×960毫米　1/16
印　　张	13.25
字　　数	206千字
版　　次	2009年7月第1版
印　　次	2023年8月第3次印刷
定　　价	22.00元

(图书如有装订差错请与发行部联系)